国学撷要

卷三

子

前言

在典籍诞生之前，文字就已经存在。

至今，我们无法知道中国的第一枚文字诞生于何年何月何处，但我们知道，伴随着聪明的祖先懂得为生活做一笔简单的记录开始，它一直在发展，历经数千年，至今不衰。

文字用来记录语言和思想。关于汉字的起源，历来有结绳记事、八卦图说、河图洛书、仓颉造字和图画象形之说，从古老的传说到一百多年前甲骨文的发现，中国的历代学者从未停止对汉字起源的追索。文字的使用将人类从原始阶段带入文明之初，如果将最初的刻画符号看作文字的开端，那么，考古工作者在河南舞阳贾湖遗址中发现的零星符号，证明了中国的『文字』使用历史可以追溯到距今八千多年前。汉字让普天之下的华夏后裔共有了一个精神家园，作为包含着丰富文化内涵和审美意蕴的美丽文字，至今，全世界使用汉字和汉语的人数超过十六亿，汉字成为全球使用最广泛的文字，不是之一，而是唯一。

汉字的数量至今没有定论。中国修辞书的历史源远流长，清代《康熙字典》收入四万七千多字；一九一五年欧阳博存等修《中华大字典》收入四万八千多字；一九五九年日本诸桥辙次做《大汉和辞典》收字四万九千九百六十四个；一九七一年张其昀主编《中文大辞典》有汉字四万九千八百八十八个；当代《汉语大字典》收字六万零三百七十个；而一九九四年由中华书局、中国友谊出版公司出版的《中华字海》收字八万五千五百六十八个，号称目前收字最多的字典。如此浩繁的文字，一个人穷一生之力也无法将其尽数认识，更不用说能流畅地使用。

检视汉字这片深海，其中暗藏多少珠玑，还有多少是现代人尚未得以目睹的明星？汉字如此，那么，由汉字千变万化的组合而极尽精准写下的浩如烟海的历朝文存，诚如现代人所说，犹如一口深邃的古井，无论如何不能淘尽。这便成就了中国国学的浩瀚无边。

由汉字肇始，华夏文明逶逦五千余年，因其庞大而吸引着无数人为之皓首穷经，倾毕生之力只能掀开其厚重纱幕的一角；因其孤绝而令无数中华子孙为着这一份独树一帜的瑰宝而备生自豪之感，也备生敬畏之心。编纂于明朝永乐年间的《永乐大典》全书两万两千九百三十七卷，仅目录即六十卷，凡一万一千零九十五册约三亿七千万字，汇集历代图书七八千种，被《大英百科全书》赞为『世界有史以来最大的百科全书』；清乾隆皇帝亲自主持、历时十年编修完成的《四库全书》，共收录古籍三千五百零三种、七万九千三百三十七卷、装订成册达三万六千余册；『永乐』『四库』之外的古今文存不可尽数，秉承着民族文化精髓的建筑奇观、音舞诗画更以海量流传……如果想将中国文化历史的遗存悉数瞻仰、尽收眼底，则毫无疑问全无可能。

中国国学犹如一座多面的玲珑塔阁，一代代文化巨擘以文学、以丹青、以弦歌、以金石、以雕梁画栋、以粉墨霓裳造就其绝代无双的风华与韵致，供后人敬仰，供世人膜拜。

此时，从文字出发，旋身至中华文化的底里，开启一段光辉灿烂的华丽旅程。

目录

章节·叁

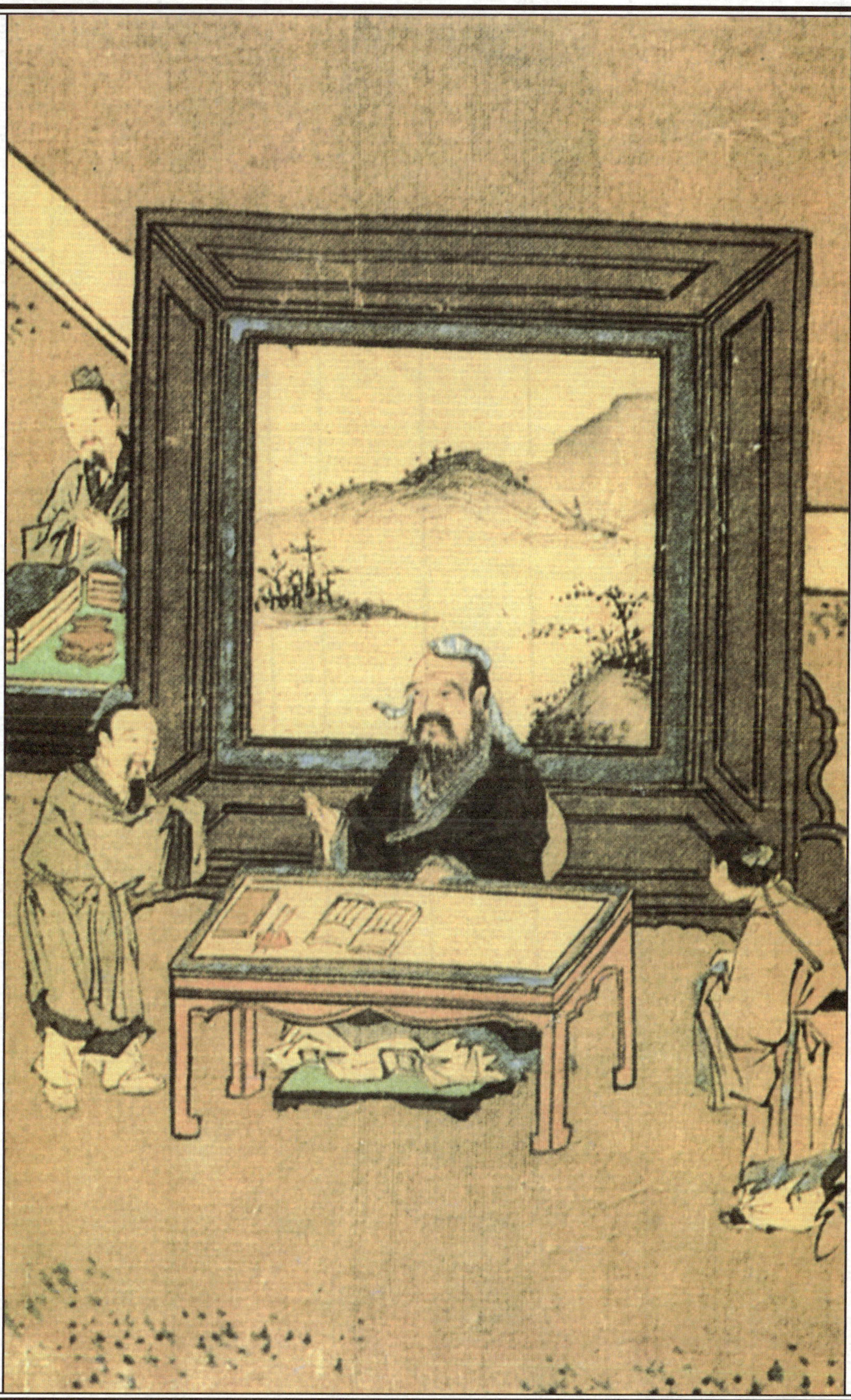

章节·壹

文以载道

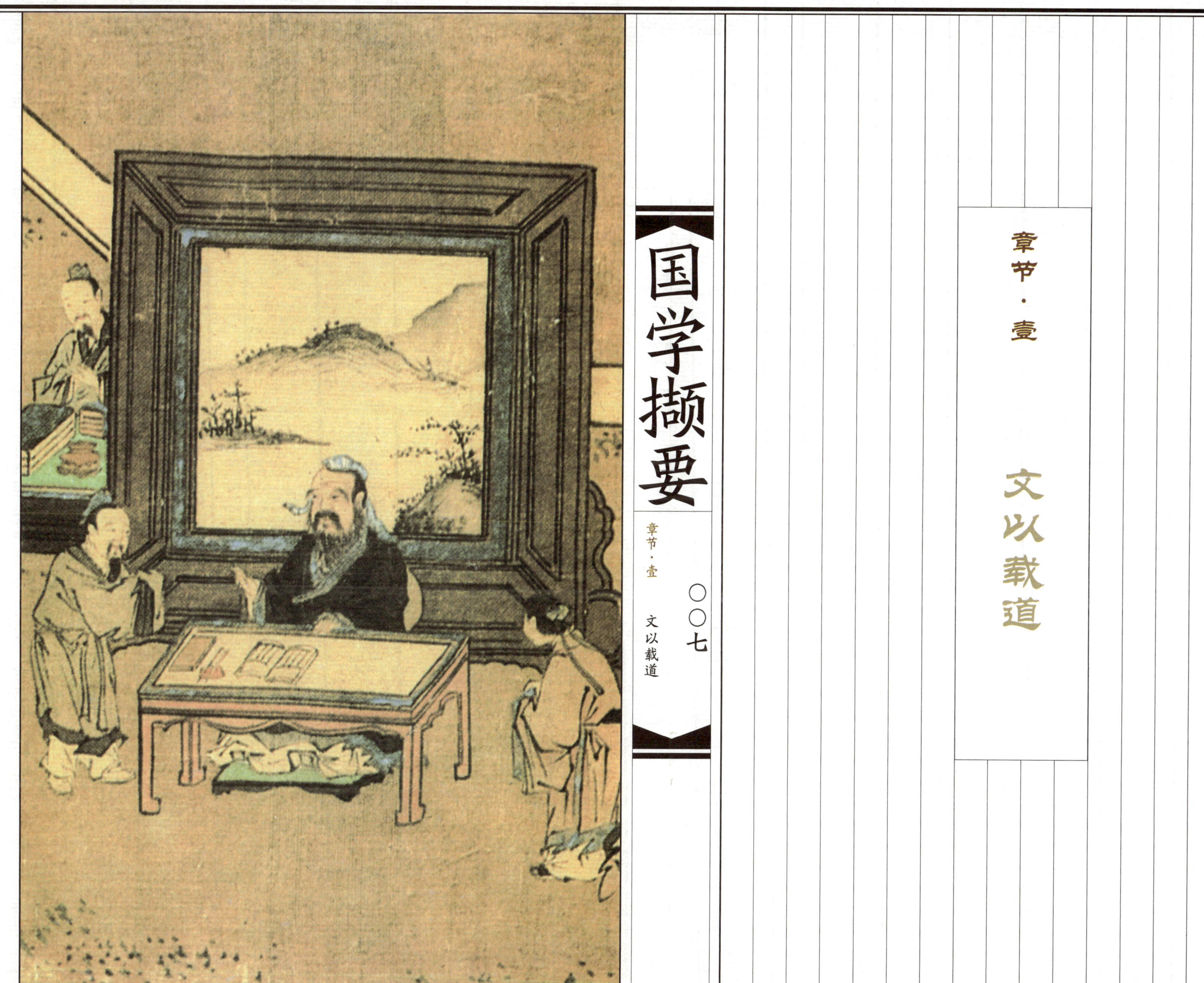

『古典』意味着『第一流』『典范』。欧洲文艺复兴时期，文艺理论家以古希腊、古罗马的优秀作品为典范。在中国，从远古流传下来的原始歌谣和神话传说，直到『五四』运动以前大量的有一定价值的文学作品，均称为古典文学。

中国古典文学，源远流长。它与中国大历史、大文化紧密相连，显示出特有的民族性、传承性、时代性的特征。它以汉民族文学为主，同时又兼容了其他少数民族的文学，随着时代不断继承发展，构成蔚为大观的中国古典文学。无论是中国古代的诗歌，还是散文、戏曲、小说，都有着可以追溯的历史，并且在理论和创作上不断丰富、发展、日臻完善。

原始歌舞的产生，与初民切身的生活密切相关。在远古时代的村落中，每当春天到来，准备开始农耕之际，为了祈求丰盛的收成，要举行祭祀之类的活动。最初的歌舞往往就是他们日常生活情状的重演或是庆祝、祭典活动本身。初民每天都在创造新的歌舞，同时传唱已有的歌谣，这些歌谣就成了中国文学的源泉之一。原始的神话传说和歌谣，在人们口头代代流传，经过漫长的时间，才用文字记下凤毛麟角。这些远古歌谣和神话，被称为传说时期的文学。

先秦文学阶段，文学的创作主体经历了由群体到个体的演变。《诗经》里的诗歌大都是群体的创作，从那时到中国文学史上第一位诗人屈原出现，经过了数百年之久。屈原之后，宋玉、唐勒、景差等，把楚辞演化成了脱离音乐『不歌而颂』的文学体裁——赋。丰富多彩的先秦文学是中国文学的基石，它不仅开启了诗歌、散文、赋等多种文学样式，而且是中国现实主义和浪漫主义文学发展的良好开端。汉代文学继承了《诗经》《楚辞》和先秦散文的传统，鲜明地反映了大一统的封建帝国的历史特点和时代要求。汉代文学的独特贡献是开拓了辞赋、史传、乐府诗等新的文学领域。

魏晋间，名仕多为文学艺术名流。右军之书清洒飘逸，如出水芙蓉，一反隶书之厚重之气。陶诗亦清纯淡雅，入悠然之境，一反错彩镂金之俗美。魏晋之风，可谓人文自觉之肇始，思想解放之发端。

唐朝开放的风气塑造了很多不拘一格、个性鲜明的诗人，每一位都能独当一面、都名动四方。初唐四杰、大李杜、小李杜之外，唐朝著名诗人还有贺知章、李贺、王之涣、孟浩然、王维、王昌龄、高适、韩愈、柳宗元、刘禹锡、白居易等人。其中，白居易是唐代三大诗人之一，是中唐新乐府运动的主要倡导者，与元稹合称『元白』。柳宗元、韩愈是唐代古文运动的领导者，并称『韩柳』，都名列『唐宋八大家』之内。

在中国古典文学史上，词于诗之外别树一帜，成为中国古代最为突出的文学体裁之一。词始于梁，形成于唐，而极盛于宋。宋代词的创作蔚为大观，产生了大批成就突出的词人，名篇佳作层出不穷，并形成了各种风格、流派。现存《全宋词》《全宋词补辑》录存作品两万余首，有姓名可考作者一千四百三十余人，两宋词业之盛，于此可见。

元曲则从民间的通俗俚语进入诗坛，有鲜明的通俗化、口语化的特点和犷放爽朗、质朴自然的情致。其中，关汉卿、马致远、王实甫、王小军、白朴等人的成就最高。关汉卿的杂剧写态摹世，曲尽其妙，风格多变；小令活泼深切，晶莹婉丽，套数豪辣灏烂，痛快淋漓。马致远创作题材宽广，意境高远，形象鲜明，语言优美，音韵和谐，被誉为元散曲中的第

一大家、『曲状元』和『秋思之祖』。中期的元曲创作开始向文化人、专业化全面过渡，散曲成为诗坛的主要体裁。末期的散曲作家以弄曲为专业，他们讲究格律辞藻，艺术上刻意求工，崇尚婉约细腻、典雅秀丽。

中国古典小说具有独特的文化内涵和历史意义。自宋迄清，产生长篇小说三百余部，短篇小说数以万计。这些作品以前所未有的广度和深度反映了当时社会生活的各个方面，成为人民群众认识社会和娱乐生活的主要文学样式。

白话小说不仅以动态刻画人物、语言生动上口形成独特风格，大规模的文人和群众密切融合的创作方法也为世界文学提供了少见的范例。罗贯中以陈寿的《三国志》为蓝本创作了《三国演义》。此书描述了东汉末年群雄割据、三国鼎立、最后司马氏统一天下的复杂历史，成功地塑造了多个具有鲜明特色的人物形象。施耐庵所著《水浒传》是中国古代第一部用通俗口语写成的长篇小说，在文学史和汉语史上都有很高的价值。吴承恩在民间传说和有关剧本基础上写成了《西游记》，创造了神通广大的孙悟空和胆小自私的猪八戒两个可爱的形象，借孙悟空的口喊出了『皇帝轮流做，明年到我家』的反封建的口号，寄托了人民战胜邪恶势力的美好理想，是白话小说中独树一帜的优秀之作……

这些白话小说不仅对中国后世的文学、戏剧、电影有巨大影响，也对日本、朝鲜、越南等国的文学创作产生过巨大影响，其中的优秀作品被翻译成十余种文字，为世界文化交流作出了重要贡献。

国学撷要

中国古典文学史是一部漫长而辉煌的历史。忆昔五千年文明，盛衰兴亡的风云在其中舒卷，一曲曲摄人心弦的剧目在历史的宏大舞台上演绎，唱响了广袤无垠的时空，彰显着魏晋风流、大唐气度、人文精神和艺术风貌。

中国古典文学是中华民族值得自豪的瑰宝。

古典文学先河

神话传说是中国最古老的宝贵文化遗产，是远古人民集体创作的口头文学。中国古代神话流传至今的有盘古开天、女娲造人的创世神话，后羿射日、大禹治水的英雄神话，黄帝战蚩尤的氏族神话……作为中国古代文学的滥觞，它以丰富的素材、浪漫的想象，深刻地影响了后世的作家，中国古典文学由此掀开了光辉灿烂的第一页。

先秦文学的滥觞

诗歌在其发展的最初阶段是一种口头创作。《诗经》是中国古代最早的一部诗歌总集，收集了从西周初年到春秋中叶约五百年间的诗歌共计三百零五篇。《诗经》不仅有很高的文学艺术价值，对于研究古代习俗亦有很高的史料价值。

《诗经》内容上分为『风』『雅』『颂』三部分。『风』是不同地区的地方音乐，大部分是民歌，是从广大农民生活中创作出来的，比较具有现实性；『雅』和『颂』基本上是贵族的创作，主要是歌功颂德，描写贵族阶级的生活。国风是《诗经》的精华部分，反映了社会现实，是现实主义文学的源头。诗歌创作的早期都是口口相传的，其中劳动人民对其传播起了巨大的作用。可以说，早期的诗歌创作是以劳动人民为主体的。

楚辞是继诗之后的一种独具南方地域特色的新诗体。屈原是楚辞的代表作家，是浪漫主义文学的鼻祖。他的《离骚》是楚辞的代表作，故后人又称楚辞为『骚』。据现代学者研究，屈原作品有《离骚》《九章》《九歌》《天问》《招魂》等二十三篇，这些作品以深邃的思想、卓越的艺术手法享誉中国诗史。

屈原也是中国文学史上第一个伟大的爱国主义诗人。他出生于楚国的王族，『明于治乱、娴于辞令』，有较高的文学修养、军事素养和爱国情怀。其官至左徒，楚怀王时期于内政外交都是重要人物，后为佞人所害，一度遭到贬黜放逐。在流放过程中他不改初衷，关心国事民生，以天下为己任。楚顷襄王二十一年（公元前二七八年），秦破楚国都城，楚王

客死于秦，楚亡，屈原于悲愤绝望中抱石自投于汨罗江。端午节即是后世来纪念屈原的传统节日，其爱国主义情怀流芳百世。

宋玉为屈原之后最杰出的楚辞作家，后世常将两人合称为「屈宋」。他是屈原诗歌艺术的直接继承者，代表作品有《高唐赋》《神女赋》《风赋》等。在他的作品中，物象的描绘趋于细腻工致，抒情与写景结合得自然贴切。宋玉的作品在楚辞与汉赋之间，起着承前启后的作用。

西汉文学家刘向，收录了屈原、宋玉、贾谊等人的辞赋及刘向自己的作品《九叹》，共计十六篇，合成骚体类文集《楚辞》。《楚辞》是文学史上第一部浪漫主义诗歌总集，对中国古代文学具有深远的影响。

散体大赋的成熟

先秦文学成就巨大、影响深远，上承古代口耳相传的神话传说，下启汉赋的萌芽和发展。汉赋是汉朝出现的一种有韵的散文，主要经历了「骚体赋」「散体大赋」「抒情小赋」几个发展阶段，它的特点是散韵结合、专事铺叙。

汉朝散体大赋成熟时期的集大成者是司马相如，代表作有《子虚赋》《上林赋》《长门赋》《美人赋》《大人赋》等。他的赋词藻华丽繁复，结构宏大，主要是渲染宫殿城市的富丽堂皇，描写帝王游猎的声势浩大，为统治者歌功颂德，收尾处微露讽谏之意，开创了汉代大赋的基本主题。

梁王慕名请司马相如作赋，相如写了一篇「如玉赋」相赠。此赋词藻瑰丽，气韵非凡。梁王极为高兴，就以自己收藏的「绿绮」琴回赠。「绿绮」是一张传世名琴，琴内有铭文曰：「桐梓合精」。相如得「绿绮」，如获珍宝。他精湛的琴艺配上「绿绮」绝妙的音色，使「绿绮」琴名噪一时。后来，「绿绮」就成了古琴的别称。

后人称司马相如为「赋圣」和「辞宗」，以示其在汉赋方面的卓越成就。鲁迅在《汉文学史纲要》里把司马相如与司马迁相提并论，说：「武帝时文人，赋莫如司马相如，文莫如司马迁。」

司马相如之后，蜀地又出了一个震铄古今的汉赋大家扬雄。扬雄其人善辞赋，因口吃所以少言而深思，是继司马相如之后最著名的汉赋作家。其早年作品模仿司马相如，构思亦华丽壮阔，故后世有「扬马」之称。后期，他对辞赋的看法有所改变，评论辞赋创作是欲讽反劝，还提出「诗人之赋丽以则，辞人之赋丽以淫」的看法，对后世赋的发展及对赋的评论有所影响，也影响了后世的古文大家刘勰、韩愈等人。抒情小赋的代表作家是张衡，其代表作为《归田赋》。张衡开创了新的赋风，是田园文学之先驱，骈文之先导。

建安风骨的高歌

汉末历史大动乱，纷争四起。在这种大分裂的局势下，文学领域又出现了一批风格独特、个性强烈的中流砥柱。曹操、曹丕和曹植并称「三曹」，孔融、陈琳、王粲、徐干、阮瑀、应玚、刘桢并称「建安七子」。以他们为代表的建安诗人一方面着眼于大动乱，关心民间疾苦，另一方面又抒发自己欲在乱世中建功立业、成就一番功名的雄心壮志。此时期的诗歌风格悲凉慷慨，语言刚劲简练，有鲜明的思想和艺术特色，后人称这种特色为「建安风骨」。

曹操善诗歌，《蒿里行》《观沧海》等篇抒发自己的政治抱负，并反映汉末人民的苦难生活，气魄雄伟，慷慨悲凉。曹操击败袁绍父子，平定北方乌桓，踌躇满志，乐观自信，便写下《龟虽寿》这首诗，抒发建功立业的豪情壮志。此时，曹操已经五十三岁，想起人生的路程，他无限感慨地吟道：

『神龟虽寿，犹有竟时。腾蛇乘雾，终为土灰。老骥伏枥，志在千里；烈士暮年，壮心不已。盈缩之期，不但在天；养怡之福，可得永年。幸甚至哉！歌以咏志。』

古来雄才大略之君主，如秦皇汉武，服食求仙，亦不免于神仙长生之术的蛊惑，而独曹操对生命的自然规律有清醒的认识，这在谶纬迷信猖炽的时代是难能可贵的。更可贵的是如何对待这有限的人生。曹操一扫汉末文人感叹浮生若梦、劝人及时行乐的悲调，慷慨高歌，自比一匹上了年纪的千里马，虽然形老体衰，屈居枥下，但胸中仍然激荡着驰骋千里的豪情。他说，有志干一番事业的人，虽然到了晚年，但一颗勃勃雄心永不会消沉，一种对宏伟理想的追求也永不会停息。

据《世说新语·文学》中记载，曹操之子曹丕做了皇帝以后，对才华横溢的胞弟曹植一直心怀忌恨，有一次，他命曹植在七步之内作诗一首，如做不到就将刑以大法，而曹植不等其话音落下，便应声而说出六句诗来：

『煮豆持作羹，漉菽以为汁。萁在釜下燃，豆在釜中泣。本是同根生，相煎何太急？』

这首脍炙人口的诗，因为限制在七步之内作成，故后人称之为《七步诗》。据说曹丕听了以后『深有惭色』，不仅因为曹植在咏诗中体现了非凡的才华，具有出口成章的本领，使得文帝自觉不如，而且由于诗中以浅显生动的比喻说明兄弟本为手足，不应互相猜忌与怨恨，晓之以大义，自然令文帝羞愧万分，无地自容，对其弟免于加害。

建安风骨对后世影响甚深，特别是唐朝诸公大声疾呼提倡『汉魏风骨』，尤以唐初著名诗人陈子昂为甚。李白也特别推崇『蓬莱文章建安骨』，建安风骨对太白诗风也影响甚远。太白诗的强烈个性，仗剑去国、任性游侠的豪气与建安风骨密不可分。

魏晋风流名士

魏晋风度，是一种真正的名士风范。由正始才俊何晏、王弼到竹林名士嵇康、阮籍，中朝隽秀王衍、乐广至于江左领袖王导、谢安，莫不是清峻通脱，表现出的那一派『烟云水气』而又『风流自赏』的气度，几追仙姿，为后世景仰。

美学大师宗白华在《美学散步》中写到：『晋人向外发现了自然，向内发现了自己的深情。山水虚灵化了，也情致化了。陶渊明、谢灵运这般人的山水诗那样的好，是由于他们对于自然有那一股新鲜发现时身入化境、浓酣忘我的趣味。』

采菊东篱下 悠然见南山

魏晋风度的极至是陶渊明提出桃花源的设想。知识分子是社会上信仰最为虔诚的一群，即使政治逼迫他们放浪形骸，他们骨子里也不敢忘掉忧国忧民，陶渊明『归去来兮』，最后还是充满政治热情地留下了『桃源情结』。

陶渊明做过几年小官后，『不为五斗米折腰』，辞官归隐，过着『躬耕自资』的生活。夫人翟氏，与他志同道合，安贫乐贱，『夫耕于前，妻锄于后』，共同劳动，维持生活，与劳动人民日益接近，息息相关。渊明爱菊，宅边遍植菊花。『采菊东篱下，悠然见南山』至今脍炙人口。他性嗜酒，饮必醉。朋友来访，无论贵贱，只要家中有酒，必与同饮。他先醉，便对客人说：『我醉欲眠卿可去。』

他一生主要作品有《饮酒》《归园田居》《桃花源记》《归去来兮辞》《五柳先生传》等，作品主要内容是田园生活。陶诗平淡自然、语言明白易懂，『外枯而中膏，似淡而实美』，抒情、写景、议论紧密结合，情景交融，对后世田园诗风有重要影响。

陶渊明是魏晋南北朝时期最有成就的诗人，李白、杜甫、白居易、陆游等大诗人都高度评赞陶诗。国学大师王国维先生说：『三代以下之诗人，无过于屈子、渊明、子美、子瞻者。此四子者若无文学之天才，其人格亦自足千古。』

托怀玄胜 远咏老庄

不过人们认为，在文采词章后，还应加上玄谈、书法与雅集，才能够上真正的魏晋风度。饮酒以放浪形骸，任情恣性；谈玄逸世悠游林下；为文则以写志；饮酒、玄谈、为文则必雅集。魏晋风度其实是一种人格范式，清谈巩固其志气。魏晋真名仕，非与世无涉，在其放达归隐之际，心怀家国。然世道不济，才无所用，故多为出世之流。清谈，一则因其社会，一则因其情节清逸。

政治是不甘仁慈的，正始名仕转而清谈不涉及时事的老庄哲学，志在玄远高洁之境。何晏、王弼还以『无』字对宇宙的追问开辟了『本体论』的哲学天地。当然，满肚子淝水战略的谢安是一贯抵制『清谈误国』的说法的，那些真正的清谈名仕本质上是更为务实的。

魏晋风度，它作为当时的士族意识形态的一种人格表现，并成为当时的审美理想。越明教者，任自然。放达无羁，不事权贵，既于入世之时，亦心怀出世之志。所谓『形在庙堂之上，而心怀江湖』。此间的真名仕，性真情纯，形容俊逸飘洒，常为越礼之姿势仪态。然真名仕者，非为作态致犟，率性之举也，以成就一潇洒之人生境界。

风流名仕们崇尚自然、超然物外，率真任诞而风流自赏。晋朝屡以历部尚书请官王右军，但屡遭拒绝。正是因为精神的超俗，『托怀玄胜，远咏老庄』『以清谈为经济』，喜好饮酒，不务世事，以隐逸为高的哲学观，才能造就那传奇的《兰亭序》。正是在这个时代，士大夫们创造了影响后世的文人书法标杆，奉献了令人模范景仰的书圣。

竹林笑傲 七贤雅集

《诗》云：『伐木丁丁，鸟鸣嘤嘤。出自幽谷，迁于乔木。嘤其鸣矣，求其友声。相彼鸟矣，犹求友声。矧伊人矣，不求友生？』

鸟儿嘤嘤鸣叫，飞于乔木之上寻找朋友，鸟犹如此，比鸟儿更有情义的人怎能没有朋友呢？魏晋南北朝时，就有这么一群人，像嘤鸣求友的鸟儿一样啸傲竹林、以诗酒会友，相与友善，肆意酣畅于竹林之下，世人称他们为『竹林七贤』。

嵇康是魏晋时期玄学的主要代表人物之一。他相貌非凡，身长七尺八寸，风姿特秀。见者叹曰：『萧萧肃肃，爽朗清举。』他精通音律，崇尚自然、养生之道，倡导『越名教而任自然』，早年与山涛交好。山公曰：『嵇叔夜之为人也，岩岩若孤松之独立，其醉也，傀俄若玉山之将崩。』

山涛，少孤且家贫，好老庄之学，后入仕。对于山涛，历史上有很多非议，甚至有人称他为『贰臣』，但是这样的评价也失之公正。他为官期间，并未迫害过任何正直之仕，而是对有才之士大力提拔，对当时黑暗统治下的社会秩序起到了匡正作用。

山涛将离职的时候想让嵇康代替他，嵇康不愿涉足政坛，于是致书与之绝交，就是历史上有名的《与山巨源绝交书》。其实，嵇康写绝交书在另一个层面上，也是为了保护自己的好朋友，有了这封绝交书，山涛就不会受自己的牵连。

嵇康受钟会迫害临终赴死的时候，把儿女托付给山涛并对儿女说：『巨源在，汝不孤矣。』

后来，嵇康被害，山涛收养了嵇康的孩子，嵇康的儿子就是在山涛的推举下入朝为官的。

阮籍亦崇尚老庄之学，『正始之音』的代表，以《咏怀》八十二首最为著名。《晋书·阮籍传》记载阮籍『时率意独驾，不由径路，车迹所穷，辄恸哭而返。』他常驱车随意游走、信马由缰，走至穷途末路便放声大哭。他为官时，整日与刘伶喝酒吃肉，从不发表任何政治意见，晋文帝想娶他的女儿，他借酒发疯六十天，使晋文帝的使节始终没法开口，最终作罢。

阮籍能做青白眼，对自己看不上的人常翻白眼。嵇康听说之后就带着酒携着琴去拜访他，阮籍大喜，才现青眼。『青眼有加』就来源于这两个朋友，表示对人的赏识和喜爱。

阮咸，是阮籍之子，与阮籍并称『大小阮』，他善弹琵琶，以音乐成就闻名于世。

向秀曾与吕安在山阳开辟田园以自给，嵇康的居所就在山阳，三人交往甚密。嵇康和吕安被杀害之后，向秀路过嵇康故居听见邻人弹琴哀婉凄绝，感慨万分，便陈词哀悼，写下了著名的《思旧赋》。此赋篇幅虽短，却成了悼念亡友的代表作，弥久不朽。

刘伶善饮酒、品酒，为人放浪形骸、疏狂不羁，只和阮籍、嵇康投机，以『酒狂』的形象闻名于世。

王戎是七贤中最年轻的一位，与嵇康、阮籍都交往甚密。由于他出身门阀世家，因此政治思想上与其他六子颇有些不同，一生沉浮官海之中，终老以官。

竹林七贤后来由于黑暗政治的压迫而分崩离析，但是他们不畏世俗、放诞洒脱的友人形象在历史上一直流传了下来，成为了一种文化象征。世人常以『竹林游』或『竹林笑傲』来比喻莫逆的友情。

中国文化史上鲜有如此放浪旷达的生命，错过魏晋，儒、释、道各自成型，中国的文人们便缺失了谈玄逸世的魏晋风度；错过魏晋，经世匡政重走正道，中国诗篇里再也没有陶潜悠然菊花香；错过魏晋，义理成风，规矩长存，中国名仕们再也不敢纵酒狂歌，散发山河，白眼向权贵，折齿为美人……这一切都如千余年前嵇康奏响的《广陵散》一样，都是千古绝响！

唐朝是中国历史上空前强大的统一帝国，唐鼎盛时期不仅物质富庶，而且文化也极其繁荣，是中华诗歌史上高度成熟的黄金时代。唐诗是中国古代文学史上一颗璀璨的明珠，在中国古典文学史上占据的地位是独一无二的。

据全唐诗不完备统计，有唐一代，二百八十九年中，至少产生了有名记载的诗人达两千三百多位，近五万多首诗作。在两千多有名望的诗人中，独具风格的著名诗人五六十名，特别突出的大诗人有李白、杜甫、白居易、王维等。

王杨卢骆当时体　轻薄为文哂未休

唐代初年，诗坛即涌现了四杰——王勃、杨炯、卢照邻、骆宾王，时称王杨卢骆。对于『四杰』的历史贡献，杜甫给予了极高的评价：『王杨卢骆当时体，轻薄为文哂未休。尔曹身与名俱灭，不废江河万古流。』

王勃所作的《滕王阁序》是中国古典文学中的名篇，久为传诵。据说，他写文章之前，把笔墨纸砚准备好，然后饮酒蒙被而睡，醒来挥笔立就不改一字，时人称为『腹稿』。关于王勃的生卒年，至今尚有歧说，确切的说法是他只活了二十七年，一个才华横溢的诗人，英年早逝令人叹息。杨炯以边塞征战诗著称，主要作品有《从军行》《出塞》《战城南》等。卢照邻擅长七言长歌，代表作《长安古意》，是初唐诗歌脍炙人口的名篇。骆宾王以起草的《代李敬业传檄天下文》而闻名于世，传世的著名作品还有《于易水送人》《在狱咏蝉》等。

初唐四杰为五言律诗奠定了基础，又把七言律诗推向了成熟阶段。『四杰』以多数量、高质量的诗篇，为稍后于他们的沈佺期、宋之问的律诗打下了良好的基础。

笔落惊风雨 诗成泣鬼神

唯有牡丹真国色，花开时节动京城。『诗仙』李白是一朵开在唐朝盛世的名动古今中外的文坛奇葩。『酒入豪肠，七分酿成了月光，剩下的三分啸成剑气，秀口一吐就半个盛唐！』李白的大气磅礴、李白的任性自然，在大唐盛世中得到了淋漓尽致的挥洒。

李白出生于剑南道之绵州（一说生于西域碎叶城），祖籍陇西郡成纪县，是中国古代伟大的浪漫主义诗人。他开创了古代积极浪漫主义的高峰，为唐诗的繁荣发展打开了新局面。

李白的一生都带有浓郁的传奇神幻色彩，据说，他的名字是因为其母梦见太白金星而有身孕得来的，关于他的童年还有『只要功夫深，铁杵磨成针』的劝学故事。李白二十五岁就只身出蜀，『仗剑去国，辞亲远游』，足迹遍及祖国的名山大川，其游历之广在古代少有人能及。古人说『行万里路，读万卷书』，李白是把这种生活发挥到极致的诗人。

李白为人疏狂，藐视权贵，相传他曾令『力士脱靴』『贵妃捧砚』，后因小人排挤谗言而被赐金放还。『安能摧眉折腰事权贵，使我不得开心颜』是其最畅快的宣泄。同时，李白又有着中国古代文人普遍存在的『出世』『入世』的矛盾。一方面他对权贵极度鄙夷藐视，另一方面又希望自己能出将入相、报效祖国，成就一番事业。『仰天大笑出门去，我辈岂是蓬蒿人』，是其傲然自信的代言；『大鹏一日同风起，扶摇直上九万里』，是他在俗世的理想。李白四十二岁时得人引荐见到了皇帝，受到了唐玄宗的隆重礼遇。但皇帝不给他实际的官职，只留他在身边做一个文学侍从——供奉翰林。李白厌倦了『云想衣裳花想容』的吹捧附和，与贺知章等人结『酒中人仙』而游，杜甫写诗称赞他说：『天子呼来不上船，自称臣是酒中仙。』

唐天宝十四年（公元七百五十五年）『安史之乱』爆发，李白出于保国安民的想法应邀入永唐王李璘幕僚。永王兵败自杀，李白被捕下狱。后被宋若思营救出，成为宋的幕僚。其后，受『安史之乱』的牵连被长期流放夜郎。唐肃宗即位以后天下大旱，朝廷遂大赦天下以平天怒，李白获得自由，写下了《早发白帝城》来表达他当时的心情。其后，李白远离官场的是非，重新游历四方来纾解自己内心的情结，终日游仙学道以度余年。

李白的诗歌，裴旻的剑术，张旭的草书合成『唐朝三绝』。其实李白不仅在诗歌上成就斐然，其剑术除裴旻之外无人能敌，『十五好剑术，剑术自通达』。另外李白在书法和道术方面也有颇深的造诣。

李白的乐府诗、歌行及绝句成就最高。在盛唐诗人中，王维、孟浩然长于五绝，王昌龄善七绝，而兼长五绝、七绝且同臻化境的只有李白一人。李白的诗风雄奇飘逸，意境神奇异彩，瑰丽动人，具有浓厚的浪漫主义气息，其代表作之一的《梦游天姥吟留别》深刻地体现了这一特色。他的诗内容丰富多彩，涉猎广博，与艺术达到了完美结合。杜甫称其『笔落惊风雨，诗成泣鬼神』。其诗对后世的影响极为深远，中唐的韩愈、『诗鬼』李贺都继承了他诗风的大气磅礴、瑰丽华美。宋代的豪放派诗人苏轼、辛弃疾等人也深受其影响，诗风豪放自然、胸襟开阔。

李杜文章在 光焰万丈长

唐开元二十二年（公元七三四年），李白至山东兖州，初遇杜甫，诗坛上两位最伟大的行星交际碰撞出了最绚烂的光芒。当时，李白已是名闻天下、誉满神州的大诗人，杜甫却还『冠盖满京华，斯人独憔悴』，蹭蹬困顿，郁郁不得志。两人一见即如故人、兄弟，醉眠同被，携手共游，成就了一段文坛佳话。

杜甫自号『少陵野老』，是唐朝最伟大的现实主义诗人。杜甫的诗基本上可以用『沉郁顿挫』四个字来概括。杜甫生于唐代由盛转衰的时代，经历了大唐帝国由最高峰到低谷的跌宕，其作品是唐朝盛世到没落全过程最有力的证明，被称为『诗史』，他本人被世人尊称为『诗圣』。

杜甫的诗歌由始到终都充满了忧国忧民的人文情操，他经历了安史之乱和唐后期的动荡，亲眼看见、领略到了战争给人民带来的疾苦和流离失所，也见到了人民忍辱负重，参军报国的爱国行为，因此感慨万千，挥笔写下了永垂不朽的『三吏』——《新安吏》《石壕吏》《潼关吏》和『三别』——《新婚别》《垂老别》《无家别》。杜甫一生抑郁不得志，终身流离，居无定所，后几经辗转流落到成都，在朋友的帮助下于浣花溪畔建草堂，世称『杜甫草堂』。即使在自身困顿窘迫、身处逆境的时候，他还不忘先天下之忧而忧，时刻记挂着生活在水深火热中的黎民百姓的疾苦，发出了『安得广厦千万间，大庇天下寒士俱欢颜』的呼声。后世诗人写诗称赞李白和杜甫这两位文学巨匠的历史成就说：『李杜文章在，光焰万丈长。』

如果说李白和杜甫是盛唐文学史上无可企及的巅峰，那么他们身后出现的李商隐和杜牧则是晚唐没落诗史上出现的最瑰丽、最富生机的一笔。后人为把李白、杜甫和李商隐、杜牧两个『李杜』区分开来，分别称呼他们为『大李杜』和『小李杜』。小李杜的文学地位和诗歌成就于唐朝历史而言仅次于大李杜。小李杜就像李白和杜甫友情深厚一样，私交也甚好，互有诗文赠和，但由于出身、气质和思想性格的不同，两人诗风迥异，各有千秋。

即此美闲逸 怅然吟《式微》

山水田园诗最有名的作者首推王维。王维官至尚书右丞，习惯上又称他为王右丞。他受佛教思想影响，厌倦官僚生活，长期隐居于辋川别业，热爱自然，熟悉农村，诗写得恬静闲适，具有一种静态美。如《渭川田家》：

斜光照墟落，穷巷牛羊归。野老念牧童，倚杖候荆扉。雉雊麦苗秀，蚕眠桑叶稀。田夫荷锄至，相见语依依。即此美闲逸，怅然吟《式微》。

夕阳的余辉映照着村落，归牧的牛羊涌进村巷中。老人惦念着去放牧的孙儿，拄着拐杖在柴门外望他归来。在野鸡声声鸣叫中，小麦已经秀穗，吃足桑叶的蚕儿开始休眠。丰年在望，荷锄归来的农民彼此见面，娓娓动情地聊起家常。这美好的情景使诗人联想到官场明争暗斗的可厌，觉得隐居在这样的农村该是多么安静舒心。惆怅之余不禁吟起《诗经》中

『式微，式微，胡不归？』的诗句，表明他归隐田园的志趣。王维精通音乐、绘画、书法，艺术修养深厚，苏东坡评他诗中有画，画中有诗。

与王维齐名的诗人孟浩然，原籍襄阳（今湖北省），常被称为『孟襄阳』。据说，他曾在尚书丞相张九龄的官署偶然遇到唐玄宗。玄宗知道他的诗名，命他朗诵诗作。他诵读了《岁暮归南山》，其中有『不才明主弃』一句，玄宗听了大不高兴，说：『是你不求当官，不是我不让你当官，你怎么能怪我！』后来他长期漫游和隐居，以山水诗闻名于世。他的《过故人庄》一诗流传最广：

故人具鸡黍，邀我至田家。绿树村边合，青山郭外斜。开轩面场圃，把酒话桑麻。待到重阳日，还来就菊花。

老朋友杀鸡做饭，请他到村中作客。近看，茂密的绿树严严地围住村庄；远望，青翠的山峦向远方延伸开去。打开轩窗，可见到堆着谷物的场院和青青的菜园。端着酒杯兴致勃勃地聊起桑麻的长势和收获。在这样天然图画中与好友饮醇酒，啖佳肴，纵情谈笑，该是多么快乐和惬意！酒后，朋友间仍恋恋不舍，约定九九重阳节再来欢聚，痛饮美酒，醉赏菊花。

但使龙城飞将在 不教胡马度阴山

在唐代的对外战争中，许多文人参与进去，对边塞和军旅生活有亲身体验。他们从戎而不投笔，写诗描绘苍凉的边塞风光，赞颂将士们的勇武精神，或诅咒战争带来的灾难，于是

有了边塞诗派。

战争是残酷的。公元七一四年唐朝军队与吐蕃在临洮的长城堡附近有过一场大战，杀获吐蕃数万人。王昌龄的《塞下曲》写到这场战争：

『饮马渡秋水，水寒风似刀。平沙日未没，黯黯见临洮。昔日长城战，咸言意气高。黄尘足今古，白骨乱蓬蒿。』

战争过后多年，战场依然暗淡凄凉，漫漫的黄尘，杂乱的蒿草，白骨散弃其中，永远被人遗忘。无论死者是哪一方，对其本人和家庭来说，都是凄惨的悲剧。

还有王昌龄的《出塞》，揭露了战争带来的苦难，希望良将保家卫国：

『秦时明月汉时关，万里长征人未还。但使龙城飞将在，不教胡马度阴山。』

百代文宗求奇风 寻章摘句老雕虫

韩愈是唐代古文运动的倡导者，宋代苏轼称他『文起八代之衰』，明人推崇他为唐宋散文八大家之首，有『文章巨公』和『百代文宗』之美名。

韩愈是散文大家，同时也是著名诗人。他最崇拜李白和杜甫，但并未亦步亦趋地去摹拟他们，而是通过自己的探索创出独特的风格。韩诗的特点是求奇避俗，与他的好友孟郊一道被称为『韩孟诗派』。韩愈一生著有《韩昌黎集》四十卷、《外集》十卷、《师说》等名篇。

李贺的诗受韩愈影响，但风格又不同于韩愈。其诗想象丰富，形象怪特，辞语瑰丽，常把

鬼魅题材写得阴森可怖，被称为『鬼才』。据说，他为了写出好诗，常骑驴出游，想出好句就赶紧写下来投入一个破锦囊中，回家再点染成篇。他的《南园》诗之一，抒发了他作为诗人的忧愤：

『寻章摘句老雕虫，晓月当帘挂玉弓。不见年年辽海上，文章何处哭秋风！』

汉代扬雄曾把吟诗作赋比作『雕虫篆刻』，微不足道。李贺说自己是个专门『寻章摘句』为作诗拼尽心力的人，作诗经常通宵达旦，只有帘外弯弯如弓的晓月陪伴自己。

鲁迅说：『我以为一切好诗，到唐朝已被做完，此后倘非翻出如来掌心之齐天大圣，大可不必再动手了。』当然，这并不是说唐后就没好诗了，实在是后来人写古诗，要先读唐诗是很必要的。唐诗代表了中华诗歌的最高成就，无疑是中华以及世界文坛上浓墨重彩的笔触，更是世界文学发展史上最具文采的一座巍峨耸立的高峰。

宋词，在中国古代文学史上足以与唐诗媲美，并代表着宋代文学的最高成就。宋代词人佳作颇丰且广为传唱，筑起了豪放与婉约交相辉映的宋代词坛。

词起源于民间，最早萌芽于南朝，其发展与南北朝、隋唐时期清商乐的流行有很大关系。隋唐之际，西域少数民族音乐与中原音乐融合，形成了独特的『燕乐』。燕乐即『宴乐』，是一种在宴会等娱乐场所演奏的通俗音乐。这些乐曲需要与长短错落、抑扬婉转的歌词相配，倚声填词的曲子词便应运而生。后来仅剩下歌词，词便成为脱离音乐而独立存在的新诗体。

明人最早把词分为婉约和豪放两派，其云：『词体大略有二：一体婉约，二体豪放。婉约者欲其词情蕴藉，豪放者欲气象恢宏。』婉约派多写闺情、离绪，严守音律，代表作家有柳永、李清照等；豪放派扩大了词的题材，气势磅礴，代表词人是苏轼、辛弃疾等。

中国古代全能型才子

苏轼与父亲苏洵、弟弟苏辙合称『三苏』，与欧阳修合称『欧苏』，与黄庭坚合称『苏黄』，他一生作品涉猎诗词、散文、书画、宗教各个方面，是中国古代全能型的才子。

苏轼是文人抒情词传统的最终奠定者。苏门六君子之一陈师道用『以诗为词』来评价苏词，道中苏词革新的本质。从整体上观照，词的『雅化』进程，某种意义上也是词逐渐向诗靠拢的一个过程，努力跨越『言志』与『言情』界限的过程。苏轼以前，这个过程是渐进的，至苏轼却是一种突飞猛进的演变。

苏轼刻意追求诗文的豪放风格，将充沛激昂的感情充入词中，写人状物以慷慨豪迈的形象和开阔壮大的场面取胜。这种风格的代表作品有《念奴娇·赤壁怀古》和《江城子·密州出猎》。旷达的词风最能体现苏轼性格特点和避世归隐、期待和平的思想。《水调歌头》中，『人有悲欢离合，月有阴晴圆缺，此事古难全。但愿人长久，千里共婵娟』几句一直被人称颂，是望月怀人的代表作品。婉约类的词继承并发展了传统的婉约词，感情纯正深婉，格调健康高远，《江城子·乙卯正月二十日夜记梦》和《蝶恋花》是其婉约词中的不朽作品。《江城子》是苏轼为悼念原配妻子王弗而写的一首悼亡词，表现了他对妻子绵绵不尽的思念和哀伤，字字血泪，是悼亡词的代表之作。

词风浩荡兼有济世情怀

辛弃疾是南宋豪放派最有名的代表词人，一位令人敬仰的文武全才。作为中国南宋豪放派词人，他被称为词中之龙，与苏轼合称『苏辛』，与李清照并称『济南二安』。辛弃疾现存词六百多首，是中国历史上伟大的豪放派词人、爱国者、军事家和政治家。

其生逢乱世，本人又是武将出身，很有济世救世的人文情怀。代表作品有《破阵子·为陈同甫赋壮词以寄之》《永遇乐·京口北固亭怀古》和《青玉案》。

辛弃疾平生以气节自负，以功业自许，一生力主抗战，所上《美芹十论》与《九议》，条陈战守之策，显示其卓越军事才能与爱国热忱，又与南宋志士陈亮及理学家朱熹保持深厚友谊，与之砥砺气节，切磋学问。抗金复国是其作品之主旋律，其中不乏英雄失路的悲叹与壮士闲置的愤懑，具有鲜明的时代特色。

强烈的爱国主义思想和战斗精神是辛词的基本思想内容，这首先表现在他的词中不断重复的对北方的怀念。另外，在《贺新郎》《摸鱼儿》等词中，他用『剩水残山』『斜阳正在，烟柳断肠处』等词句讽刺苟延残喘的南宋小朝廷，表达他对偏安一角、不思北上的不满。胸怀壮志无处可用，表现在词里就是难以掩饰的不平之情。理想与现实的激烈冲突，为他的词构成悲壮的基调。辛词在苏轼词的基础上进一步扩大了题材范围，他几乎达到了无事、无意不可入词的地步，将豪放词推至顶峰。

宋词豪放派和婉约派各自天成，各占了宋词的半壁江山。

凡有井水饮处 皆能歌柳词

柳永是北宋第一个专力作词的词人，他不仅扩大了词境，开拓了词的题材内容，还创作了大量的慢词，发展了铺叙手法，促进了词的口语化、通俗化。柳永词风凄切缠绵，清新婉约，直率明朗，具有鲜明的特色，在词史上产生巨大影响。

柳永，原名柳三变，后因得罪皇帝怕遭迫害改名为永，因排行老七故又称『柳七』。柳家世代做官，柳永从小就勤学苦读，希望继承光耀家族门楣，结果竟屡试不第，于伤心失落中写下一首《鹤冲天》，中有『忍把浮名，换了浅斟低唱』一句广为流唱。柳永于仁宗初年中进士，但由于《鹤冲天》一词上达宸听，皇帝以此为口实废黜了他的进士，临时批示：『且去浅斟低唱，何要浮名？』一再的失败使柳永极度愤怨，但又敢怨不敢言，只好自讽『奉旨填词柳三变』，并以『白衣卿相』自诩，从此肆无忌惮地在云游秦楼楚馆之间搜集素材题目，专心填词。其代表作品主要有《雨霖铃》《望海潮》《凤栖梧》《八声甘州》等。

柳永一生混迹于市井青楼，其词对象多是妓女等下层人，因此柳词传唱范围也特别广，人们都以能得到柳永的词为荣。当时盛传一句话：凡有井水饮处，皆能歌柳词。柳永死时穷困潦倒，一贫如洗，甚至没有办丧事的钱。一群妓女自发组织起来凑钱买棺置地为其安葬。出殡时，满城名妓都来了，半城缟素，一片哀声。名妓谢玉英甚至因痛思柳永而去世。每年清明节相约去柳永坟前凭吊的妓女多如云，后相沿成习，时称『吊柳会』。

千古第一才女

李清照亦是婉约派代表，有《漱玉词》传世。李清照自号「易安居士」，系山东济南章丘人氏，生于书香门第。由于她出身仕宦之家，自小生活优越，受到良好的文化教育，而且生性聪颖，勤奋好学，所以擅长于词，亦工于诗文，通晓音律，能书善画。

她与丈夫赵明诚伉俪情深，琴瑟和谐，常投诗报词，恩爱非常。赵明诚酷爱金石，在攻读经史之余，刻意研究金石学。当时，赵明诚还是在校的学生，每月朔、望之时才能请假回家。公元一一二七年，北方金族攻破汴京，宋徽宗、宋钦宗父子被俘，宋高宗仓皇南逃。李清照夫妇也先后渡江南去。第二年，也就是他们结婚二十九年后，赵明诚死于建康太守任上。赵明诚的死给李清照极大的打击，特别是南渡以后国破家亡，满目惨淡使得她更感凄楚悲凉。于是，李清照带着丈夫残存的书画、金石、碑帖等物流徙于各地，最后才落脚于杭州。经过数年的努力，李清照将丈夫赵明诚研究金石的遗稿认真校正誊录，并做了一些增补，集成了《金石录》。

李清照一生经历和作品以宋室南渡为界分为两个阶段。前期作品主要反映了她闺中生活和思想感情，题材集中于写自然风光和离情别思。赵明诚死后，李清照改嫁又离婚，身心受到极大创伤，加之国破家亡，流离漂泊，作品转向哀戚惆怅风格，主要抒发伤时念旧、怀乡悼亡的情感，表达了自己在孤独生活中的哀愁、寂寞。其后期作品比较出名的有《武陵春》《菩萨蛮》《声声慢》等。

宋词远从《诗经》《楚辞》及《汉魏六朝诗歌》里汲取营养，又为后来的元曲、戏剧小说输送了养分。直到今天，它仍在陶冶着人们的情操，给人们带来高雅的艺术享受。

元曲是中华民族灿烂文化宝库中的又一朵奇葩，它在思想内容和艺术成就上都体现了独有的特色与魅力，和唐诗宋词鼎足并举，成为中国文学史上三座重要的里程碑。

元代是元曲的鼎盛时期。元朝疆域辽阔，城市经济繁荣，宏大的剧场、活跃的书会和日夜不绝的观众，为元曲的兴起奠定了基础。元代各民族文化相互交流和融合，促进了元曲的形成。元曲是诗歌本身的内在规律及文学传统继承、发展的必然结果。

一人主唱　曲白相生

一般来说，元杂剧和散曲合称为『元曲』，两者都采用北曲为演唱形式。散曲是元代文学主体，不过，元杂剧的成就和影响远远超过散曲，因此也有人以『元曲』单指杂剧。

元杂剧是在金院本的基础上孕育发展而形成的，正当南戏盛行之际，北杂剧走向成熟。十三世纪后半期是元杂剧雄踞剧坛的最繁盛时期。四折一楔子的结构形式是其显著的特色之一，『一人主唱』是元杂剧的又一显著特点。元杂剧唱与说白紧密相连，『曲白相生』。

元杂剧还有一些特点，如剧本注重舞台性，角色分工类型化，漠视生活外部形态真实，以类型化、象征化的手法表现剧作的内在情绪，作家流逸的情思与本质性的真实生活相结合等等。元杂剧完全具备了戏曲的本质特征，它走完了戏曲的综合历程，是严谨、完整、统一的，又是个性鲜明的戏曲艺术。

元杂剧是在金院本和诸宫调的直接影响之下，融合各种表演艺术形式而成的一种完整的戏剧形式，并在唐宋以来话本、词曲、讲唱文学的基础上创造了成熟的文学剧本。这比之以滑稽取笑为主的参军戏或宋杂剧已起了质的变化。作为一种成熟的戏剧，元杂剧在内容上不仅丰富了久已在民间传唱的故事，而且广泛地反映了当时的社会现实，成为广大人民群众最喜爱的文艺形式之一。

民歌俚谣的升华

根据学者研究，散曲产生于金元之际、民歌俚谣。金代的词已经出现曲的特点，倾向俚俗、率直、诙谐、浅白。金词对大量北方俚歌俗调的吸收，词中的许多词牌实际上已经是亦词亦曲，或在文学风格上已经接近后代的曲。

金末元初，文人没有科举取仕这条路可走，加上避世、玩世的社会思潮的影响，他们出入秦楼楚馆，而大量名妓会制乐府、唱曲，将民间的歌曲做大量修改、传唱。文人与诗酒相乐、丝竹相和，久而久之，必然导致民歌时调与文人创作的结合。宋金之际，北方少数民族相继入主中原，他们带来的胡曲番乐与汉族地区原有的音乐相结合，孕育出一种新的乐曲——散曲。

元代人称散曲为乐府或今乐府。散曲之名最早见于明代朱有墩所著的《诚斋乐府》，此书所说的散曲专指小令，不包括套数。明代中叶以后，散曲的范围逐渐扩大，把套数也包括进来。二十世纪以来学者的论文，把小令、套数都看作散曲。散曲作为文体概念最终被确定下来。

散曲从体式分两类：『小令』和『散套』。小令又叫叶儿，体制短小，通常只是一支独立的曲子。散套则由多支曲子组成，而且要求始终用一个韵。散曲的曲牌也有各式各样的名称，如《叨叨令》《刮地风》《喜春来》《山坡羊》《红绣鞋》之类，这些名称多很俚俗，这也说明散曲比词更接近民歌。

一代盛世之文学

元曲以其作品揭露现实的深刻以及题材的广泛、语言的通俗、形式的活泼、风格的清新、描绘的生动、手法的多变，在中国古代文学艺苑中放射着璀璨夺目的异彩。继唐诗、宋词之后蔚为文学之盛的元曲有着它独特的魅力：元曲继承了诗词的清丽婉转；元代社会读书人地位低下，政治专权，社会黑暗，因而使元曲放射出极为夺目的战斗的光彩，透出反抗的情绪，锋芒直指社会弊端，直斥『不读书最高，不识字最好，不晓事倒有人夸俏』的社会，直指『人皆嫌命窘，谁不见钱亲』的世风。元曲中描写爱情的作品也比历代诗词来得泼辣、大胆。这些，均足以使元曲永葆其艺术魅力。

元曲经历了大致三个时期的发展。前期受社会动荡的影响，多是写深刻思考人生处境与命运的剧本；中期主要集中在爱情、神仙道、人文事迹方面，显示剧作家的独特追求；后期走向衰落，主要宣传封建道德，情节离奇但作品数量大大减少，内容风格因循守旧，剧作中心南移。

元曲兴起并代表这一时期文学的最高成就，就其本身而言则是由于元曲确立并完善了体制形式。元曲作家中留有姓名、曲作的共二百二十多人，流传至今的作品有四千五百多部，其中小令三千八百多首，套数四百七十余套，杂剧一百六十余部。总之，元曲作为『一代之文学』，题材丰富多样，创作视野阔大宽广，反映生活鲜明生动，人物形象丰满感人，语言通俗易懂，是中国古代文化宝库中不可缺少的宝贵遗产。

北方文雄竞相出彩

在众多作家中，对元曲的形成作出开创性贡献的是元好问。他出身于一个世代书香的官宦人家，最终成为名冠金元两代诗坛的巨星。他的作品清润疏俊，迥出时作，对元曲创作起着启导统领、规范的作用。

他工于诗文，在金元之际颇负重望。其诗奇崛而绝雕琢，巧缛而不绮丽，形成河汾诗派。他也是中国金末元初最有成就的作家和历史学家，文坛盟主，是宋金对峙时期北方文学的主要代表，又是金元之际在文学上承前启后的桥梁，被尊为『北方文雄』。

其诗、文、词、曲，各体皆工。诗作成就最高，今存诗一千三百六十一首，内容丰富。一些诗篇生动反映了当时的社会动乱和百姓苦难，如《岐阳》《壬辰十二月车驾东狩后即事》，沉郁悲凉，追踪老杜，堪称一代『诗史』。其词为金代一朝之冠，可与两宋名家媲美。今存散曲仅九首，虽传世不多，但当时影响很大，有倡导之功，且用俗为雅，变故作新，具有开创性。

元好问之文继承唐宋大家传统，清新雄健，长短随意，众体悉备，为金代文学批评之巨子。其仿杜甫《戏为六绝句》体例所写《论诗绝句三十首》，在文学批评史上影响颇大。元好问在艺术上以苏、辛为典范，兼有豪放、婉约诸种风格，当为金代词坛第一人。

元曲四大家各有所长

元朝戏曲空前发达，其中以杂剧最为突出，涌现出了一批杰出的剧作家，代表剧作家有关汉卿、白朴、马致远、郑光祖，四人被称为『元曲四大家』。

元代的作曲家都比较贴近下层生活，有些人和演员相交甚深，熟悉戏剧演出各种要素，甚至自己亲自上场表演。关汉卿就曾自编自演『粉墨登场』。贾仲明称他为『驱梨园领袖，总编修师首，捻杂剧班头』，可见他在元代剧坛上的地位。关汉卿曾写有《南吕一枝花》赠给女演员朱帘秀，说明他与演员关系密切。他曾毫无惭色地自称：『我是个普天下的郎君领袖，盖世界浪子班头。』在《南吕一枝花·不伏老》结尾一段，更狂傲倔强地表示：『我是个蒸不烂、煮不熟、捶不匾、炒不爆、响珰珰一粒铜豌豆。』据各种文献资料记载，关汉卿编有杂剧六十七部，现存十八部，其中，《窦娥冤》《救风尘》《望江亭》《拜月亭》《鲁斋郎》《单刀会》《调风月》等是他的代表作。

马致远，字『千里』，晚年号『东篱』，以示效陶渊明之志。他的作品以反映隐退山林的田园题材为多，风格兼有豪放、清逸的特点，收入《东篱乐府》。其创作的《汉宫秋》，被后人称作元曲的最佳杰作。

诗词、散曲和杂剧均名擅一时的白朴，出生于金朝的官僚世家。白朴出生时，金朝已经在南宋和蒙古的两面夹击下处于岌岌可危的状态。他幼年便经历颠沛流离的生活，在金末动荡中，被诗人元好问收养。他屡次谢绝元朝政府的征召，『玩世滑稽』『放浪形骸』，飘

泊大江南北十五年之久，五十五岁时定居金陵。白朴出身于具有浓厚文学气氛的家庭，少年时又随着名诗人元好问学习诗词、古文。在他的诗词、散曲中，常表现出故国之思、沧桑之感、身世之悲，情调凄凉低沉。他是元代著名的文学家、杂剧家，其代表作有《梧桐雨》《墙头马上》。

元代另一位『名闻天下，声振闺阁』的杂剧家和散曲家是郑光祖，他所作杂剧可考者十八种，现存《周公摄政》《王粲登楼》《翰林风月》《倩女离魂》《无塩破连环》《伊尹扶汤》《老君堂》《三战吕布》等，其中的《倩女离魂》最为著名。除杂剧外，郑光祖还写散曲，有小令六首、套数两套流传。

另外，王实甫的《崔莺莺待月西厢记》也颇为出名，喊出了『愿天下有情的都成了眷属』一句离经叛道的话，表现了对人性的真实追求。

四大悲剧回肠荡气

中国儒家文化对戏曲的影响是广泛而深刻的。儒家文化所体现出的伦理精神及由其形成的『重实际，黜玄想』的『史官文化』，导致了古典戏曲与历史的紧紧『缠绕』，使历史故事和传说成为戏曲重要题材来源。儒家『从心所欲不逾矩』的理想人格所张扬的循礼守制、贵贱不逾而又以睦相守的程式化生活赋予戏曲以程式之美。受儒家文化影响至深的失意文人对戏曲活动的参与，使戏曲在总体格局上不越出封建主义艺术范围，但又在很大程度上与封建主体文化迥然异趣。

悲剧作为一种起源最早的戏剧形式，自古希腊之后，始终是人们热衷讨论的话题之一。关汉卿的《窦娥冤》、马致远的《汉宫秋》、白朴的《梧桐雨》以及纪君祥的《赵氏孤儿》合称为元杂剧的四大悲剧。

这四部作品在其所表现出的时代精神、张扬个性、揭露黑暗、赞美人性等诸方面，都具有同传统文学精神背离的文化特质，显现出新兴文学样式的博大生命力。作品突破了『主文而谲谏』的传统观念，毫无忌讳地揭露批判社会现实，嬉笑怒骂，无拘无束，酣畅淋漓，自由狂放，表现出奇峭的艺术风格，具有北方草原文化的奔放与辛辣。

《窦娥冤》取材于汉代流传下来的『东海孝妇』民间故事。关汉卿结合了自己在现实生活中的体认，精心构制了这个大悲剧。窦娥因家贫被卖给蔡家做童养媳，丈夫早死，婆媳相依为命。流氓张驴儿闯入这个家庭，胁迫窦娥婆媳嫁给他们父子为妻，遭到窦娥严辞拒绝。张驴儿欲毒死蔡婆，结果反毒死了自己的父亲，便嫁祸给窦娥。昏聩的桃杌太守严刑逼供，将窦娥屈打成招，并被处死。违法的人并未得到制裁，守法的人却被『法纪』送了性命。戏剧的锋芒直指酷虐的封建统治，窦娥的责天问地，也是关汉卿的呼喊，代表着不屈从于现实命运的浩然正气。元杂剧多充溢着一种郁闷、愤懑的情绪，这是在异族统治下的元代作家目睹种种黑暗现象后的自然流露。但关汉卿在《窦娥冤》中表达的是对整个社会的否定与诅咒般的诘难，具有无可辩驳的深刻性。

《赵氏孤儿》故事采自《左传》《史记·赵世家》，作者进行了提炼、改造和虚构。故事

源起于春秋时期，晋国屠岸贾谋害忠直大臣赵盾，使赵家三百余口满门抄斩，只有赵盾之孙被义士程婴救出。屠岸贾发现有人偷偷救出孤儿后，竟下令残杀国内所有一月以上半岁以下幼儿。程婴为保全孤儿和全国幼儿，毅然献出己子冒顶孤儿，其挚友公孙杵臼为开脱程婴救孤之罪，牺牲了自己的生命。孤儿由程婴扶养成人，二十年后，赵氏孤儿手擒屠岸贾，报了血海深仇。这是一部优秀的悲剧，人物形象鲜明生动，戏剧冲突扣人心弦，气象激越慷慨，鞭挞了阴险残暴行为，歌颂了崇高正义精神。剧中虽有封建宗法色彩，但不掩其光辉。

《赵氏孤儿》之所以能成为大悲剧，不仅在于它敷演了一个冤冤相报的悲剧性的历史故事，还在于通过这个悲剧性的历史故事歌颂了英雄人物为正义而前仆后继的牺牲精神，构成全剧悲壮的基调。剧本自始至终交织着忠良与奸佞的交锋，正义与邪恶的较量，观之令人热血沸腾，回肠荡气。明人孟称舜谓：『此是千古最痛最快之事，应有一篇极痛极快之文发之。』

《赵氏孤儿》在戏剧发展史上影响很大，历来有不少剧种改编上演。到了十八、十九世纪，更有英、法等多种译本登上欧洲戏剧舞台，受到世界瞩目。

愿天下有情的都成了眷属

中国古代戏剧中有大量的爱情剧，『愿天下有情的都成了眷属』是中华民族的传统心理，也是中国戏剧的一个永恒主题。元代的剧作家有着执着的生活信心和艺术信心，在舞台上实现他们心头的爱情之梦、团圆之梦，让瑰丽无比的『有情人终成眷属』的理想通过一个个圆满的艺术形态表现出来，给人世间带来一捧温暖。

元杂剧有相当一部分是以男女的爱情为题材的，在元代舞台上上演了一曲曲爱情战胜礼教、人性战胜『天理』的凯歌。王实甫的《西厢记》、关汉卿的《拜月亭》、白朴的《墙头马上》、郑光祖的《倩女离魂》并称为元代『四大爱情剧』。另外，还有李好古的《张生煮海》、尚仲贤的《柳毅传书》、乔吉的《两世姻缘》等。

这些爱情剧不乏现实主义色彩，但更多的是表现出了浓厚的浪漫主义特色。作品提出了与传统道德截然不同的爱情婚姻标准，并塑造了许多极富个性的具有反叛意识的女性形象，虽然出身不同，情况各异，但她们都具有平等的意识、豪爽泼辣的性格、反传统的思想。其整体理想也都是以千金之躯追求为当时社会所不容的、以个人性爱为中心的爱情和幸福，充分显现了中国古代女性爱情观的进步性和为争取恋爱婚姻自由而进行抗争的艰难曲折的历程。

元曲对于中国民族诗歌的发展、文化的繁荣有着深远的影响和卓越的贡献。元曲同其他艺术之花一样，不仅是文人咏志抒怀得心应手的工具，而且为反映元代社会生活提供了百姓喜闻乐见的崭新的艺术形式。

街谈巷语之说

从远古神话的诞生到明清章回小说的高潮，古典小说经历了曲折而漫长的发展历程。从广阔的社会生活场景、丰硕的艺术创作成果和崇高的社会政治理想而言，明清小说无疑铸就了中国古典文学最后的辉煌。

小说的史前形态

『小说者，街谈巷语之说也。』在先秦时期的《庄子》中，就有了对小说的定义。古典小说起源于上古的神话传说，在先秦古籍《山海经》中已有记载。这些神话传说，是先人渴望得到神灵庇护，并用来解释现实生活无法理解的现象而生发想象出来的，同时也是小说发展的最早源头。

在魏晋六朝时期，在文化氛围和社会因素的影响下，小说雏形以志人志怪的形式诞生了。而『称道灵异，张皇神鬼』，并非像后来那样为了影射社会现实，而是当时的人们确实相信阴阳神鬼的存在，并且作者自认为是实况记录，而非虚构捏造，也就无意间创作了小说。这与当时的社会文化有着密切的联系。

其中，志怪以干宝的《搜神记》为代表，内容多为神灵感应，妖祥卜梦，怪物作祟，以写神灵鬼怪及妖异怪诞之事为主；志人的代表作为刘义庆的《世说新语》，分为德行、言语、政事、文学、方正、雅量等三十六门，以记录世人的言谈轶事为主。小说的共同特点为作者自认实录，且篇幅短小、叙述简略，一般被学界称为『古小说』，是小说的史前形态。这为之后小说的发展与分流奠定了基础，影响着之后小说的创作。

唐传奇与宋元话本的奠基

小说发展到唐代，发生了巨大的变异，由六朝时无意创作转变为『有意为之』，由鬼神灵异、奇闻逸事转向了现实生活，由简略『实录』转化为词藻丰富，在文化艺术上有了很大提高，可以说是一次质的飞跃。其间作品多为传奇故事，代表作有李朝威的《柳毅传》、元稹的《莺莺传》、白行简的《李娃传》、杜光庭的《虬髯客传》、李公佐的《南柯太守一梦》等。

至于宋代，一方面，文言小说的发展几乎停滞不前，只是对志人志怪、唐代传奇的继承，并无过多的发展。不过，宋代时期对文言小说的发展还是起了一定的铺垫和推动作用。北宋初年，朝廷组织文人编纂了一部五百卷的《太平广记》，收集前代野史、小说、传记等，使得许多六朝志怪、唐代传奇都借此得以流传，为明清小说的创作提供了丰富的素材。而另一方面，在宋元时期的平民阶层，话本流行于民间，兴起了用白话文叙述故事的方式。宋元话本指说话艺人说书时的底本，或者指模仿说话技艺写成的通俗故事，语言为通俗易懂的白话，人物出现大量下层市民，且大部分的内容是宣扬善有善报、苦尽甘来的大团圆结局。这一时期，代表作有《六十家小说》《京本通俗小说》《三国志平话》等。

宋元时期是小说发展壮大的时代，也是白话小说兴起的时代。这有人们对听故事消遣的心理需要，也有印刷技术提高、读者群成熟的客观社会因素。在宋元这个发展期，从文言到白话，小说既增强了表现力，又扩大了读者面，增加了社会功能，同时奠定了白话短篇和长篇小说的基础，为明清小说的巅峰时期做好了准备。

章回体小说盛行于世

元末明初，两部巨作《三国演义》和《水浒传》的相继问世，标志着中国小说进入到了一个崭新的历史发展阶段，章回小说的长篇形式得到确立。其特点是分回标目，常取一个或两个中心事件为一回，每回篇幅大致相等，情节前后衔接，开头、结尾常用『话说』『且听下回分解』等口头语，中间穿插诗词文赋，且结尾故意设置悬念吸引读者，也自此，章回体的古典小说盛行于世。

明代章回小说的代表作有《三国演义》《水浒传》《西游记》《金瓶梅》，合称『四大奇书』。罗贯中的历史小说《三国演义》讲述以三国纪史为基础的魏、蜀、吴间政治和军事斗争历史，是中国第一部历史演义小说；施耐庵的英雄传奇《水浒传》则描述了朝廷黑暗腐败，平民被逼上梁山的英雄传奇故事；吴承恩的神魔小说《西游记》以史实玄奘西行取经为原型，虚构出师徒四人历经九九八十一难的一部超现实的神魔小说；兰陵笑笑生的世情小说《金瓶梅》，既是第一部写世情的长篇小说，又是第一部由文人独力创作的成功的长篇小说，开创出世情小说的写作领域。

四大奇书不仅影响着之后的小说情节和形式的发展，更对人们的精神世界起着潜移默化的巨大作用。

古典小说的顶峰

明清时期，古典小说发展到了顶峰，无论是内容题材的丰富程度，还是创作的数量和成就，都是空前的。尤其是白话小说，蓬勃发展起来，可谓是包罗万象。就题材而言，有历史小说，如《三国志通俗演义》；英雄传奇，如《水浒传》；神魔小说，如《西游记》《封神演义》；世情小说，如《金瓶梅》；讽刺小说，如《儒林外史》等。明清小说对已有的传奇演义加工润色，通过魔幻世界影射现实，并且更深入到现实生活。尤其是世情小说的诞生，是题材开拓的重大突破，实现了人物非英雄化、素材当下化、情节非传奇化的诸多改变，使小说进入一个更成熟的阶段。

这一时期小说主要分为四大流派，一是模拟六朝志怪或模拟唐朝传奇小说的拟古派，代表作为蒲松龄的《聊斋志异》和纪昀的《阅微草堂笔记》。《聊斋志异》多为神仙、狐鬼、精魅等故事，说妖鬼多具人情，通世故。《阅微草堂笔记》模仿六朝志怪小说，精简古质，材料大多为自编而成，借狐鬼的话来抨击社会现况。二是以吴敬梓的《儒林外史》为代表的充满讽刺意味的讽刺派。另有以四大谴责小说著称，即李宝嘉的《官场现形记》、吴沃尧的《二十年目睹之怪现状》、曾朴的《孽海花》和刘鹗的《老残游记》。三是以曹雪芹的巨著《红楼梦》为代表的人情派，叙述世间爱恨情愁、悲欢离合之事。四是侠义英雄派，叙侠义英雄的传奇故事，如《三侠五义》《荡寇志》《包公案》等。

清代比较著名的长篇小说家还有吴敬梓、诸人获、李百川、钱彩、西周生，他们留下了《儒林外史》《隋唐演义》《绿野仙踪》《说岳全传》《醒世姻缘传》等名著，在中国古代小说史上都占有重要地位。

『怀金悼玉』说『红楼』『写鬼话狐』品『聊斋』

清初至乾隆年间是小说发展的全盛时期。清乾隆年间，曹雪芹的《红楼梦》、蒲松龄的《聊斋志异》分别把白话小说和文言小说推到了顶峰。

曹雪芹洞悉社会，冷眼看世人，是一个伟大的现实主义作家。曹雪芹『身胖，头广而色黑』，性格傲岸，愤世嫉俗，嗜酒，才华横溢，善谈吐。曹家是当时备受恩宠、如日中天的『百年望族』，曹雪芹自小就是在钟鸣鼎食的家族中长大。经历了家道的中途败落，曹雪芹备感世态炎凉，清楚地认识到了社会制度的实质，从此专心写作。

曹雪芹以曹家为原型创作了这篇『怀金悼玉』的《红楼梦》，他一生的经历也和红楼梦一样坎坷而颠沛，充满了辛酸血泪。清乾隆二十七年（公元一七六二年），曹雪芹幼子夭亡，曹雪芹因极度的悲痛哀伤而病倒，又因贫穷久病无医而死。一代文学巨擘虽然陨落消逝，却留下了把中国古典小说推向巅峰的巨著《红楼梦》。

《红楼梦》原名《石头记》，由于当时的社会环境仅存前八十回，现行本后四十回为高鹗续，是中国古代四大名著之一。曹雪芹在《红楼梦》开篇说：『满纸荒唐言，一把辛酸泪。都云作者痴，谁解其中味。』开宗明义，为整篇小说叙述概括大意。此书以贾王史薛四大

家族的兴衰史，尤其以贾宝玉和林黛玉的爱情悲剧为线索，刻画了一群个性鲜明、遭遇悲惨的女性形象，尤以才华比仙、命比纸薄的林黛玉为代表。结局悲惨、辛酸，与以往才子佳人大团圆的结局迥然不同，成为了当时文坛的一个另类。

《红楼梦》一出便惊天动地在文坛掀起了轩然巨波，它的文学地位是无可比拟的，它是中国古代一部最伟大的现实主义文学著作，生发了清代最初的民主主义的萌芽。后世亦出现了诸多研究红学的名人。

蒲松龄是清朝志怪小说名家，世称『聊斋先生』，山东省淄川人。蒲松龄自幼喜欢民间文学，广泛搜集精怪鬼魅的奇闻异事，吸取创作营养，熔铸进自己的生活体验，创作出杰出的文言短篇小说集《聊斋志异》。

《聊斋志异》以花妖狐魅的幻想故事，反映现实生活，寄托了作者的理想。据说，蒲松龄当时仅是个乡村私塾先生，为写《聊斋志异》，在家乡柳泉旁设茶摊，免费提供给来往的路人，只要求他们讲一个奇闻异事作为茶资，听人讲完后便回家整理加工，最后穷其毕生精力集合成了《聊斋志异》。郭沫若对他的评价是『写鬼写妖高人一等，刺贪刺虐入木三分』。而更为可贵的是他坚持和乐观的精神。鲁迅从十二岁起就读这部书，一九二一年他在《唐传奇体传记（下）》中写道：『清蒲松龄作《聊斋志异》，亦颇学唐人传奇文字，而立意则近于六朝之志怪，其时鲜见古书，故读者诧为新颖，盛行于时，至今不绝。』

中国古典小说发展历经千年历史，从萌芽时期的雏形到后来的巅峰繁盛之况，期间涌现出无数脍炙人口的经典巨作，内涵丰富，韵味深长，传统文化一脉相承。中国古典小说是中华文化的珍奇瑰宝，值得后人研读品味，世代流传。

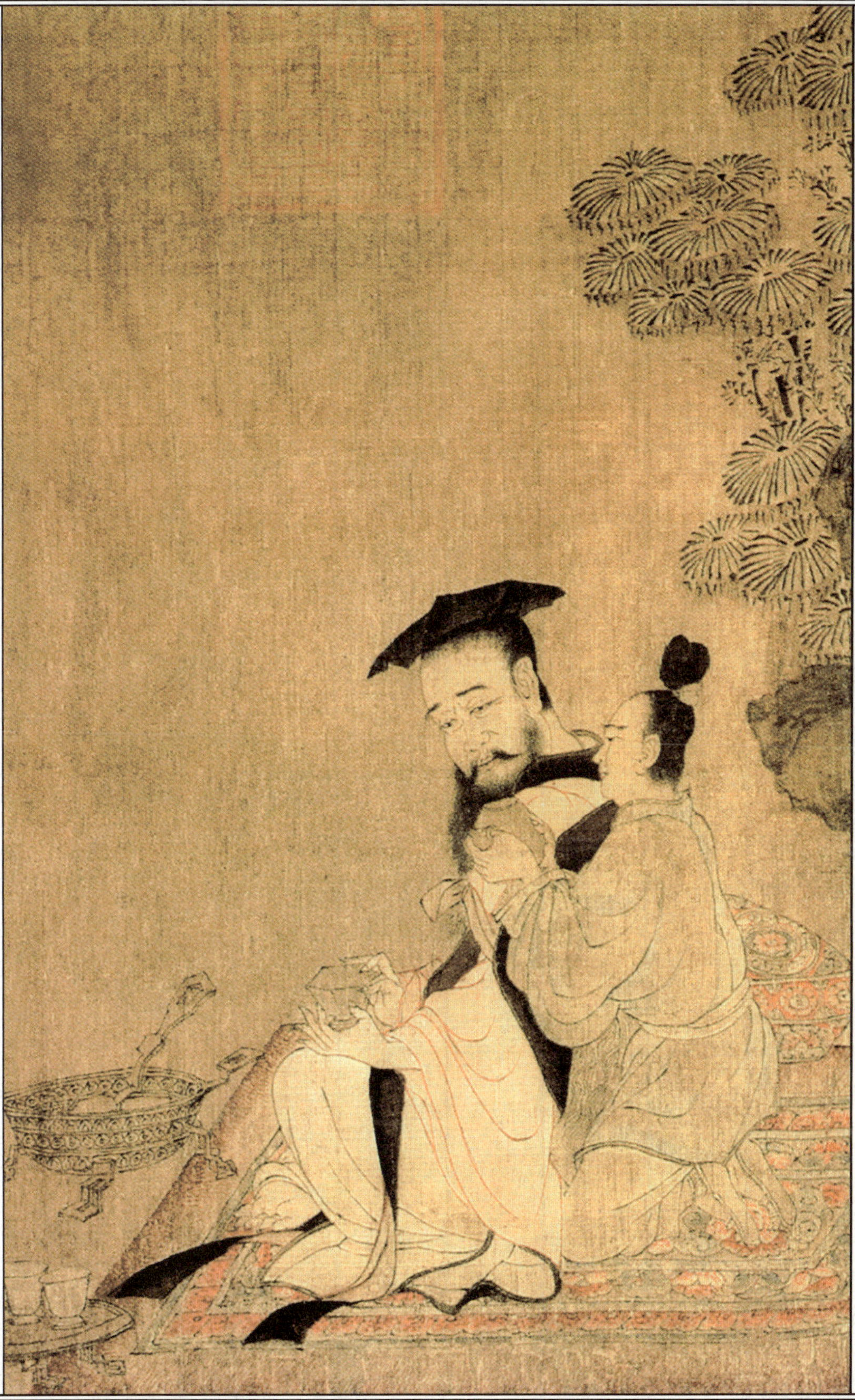

章节·贰

天下大同

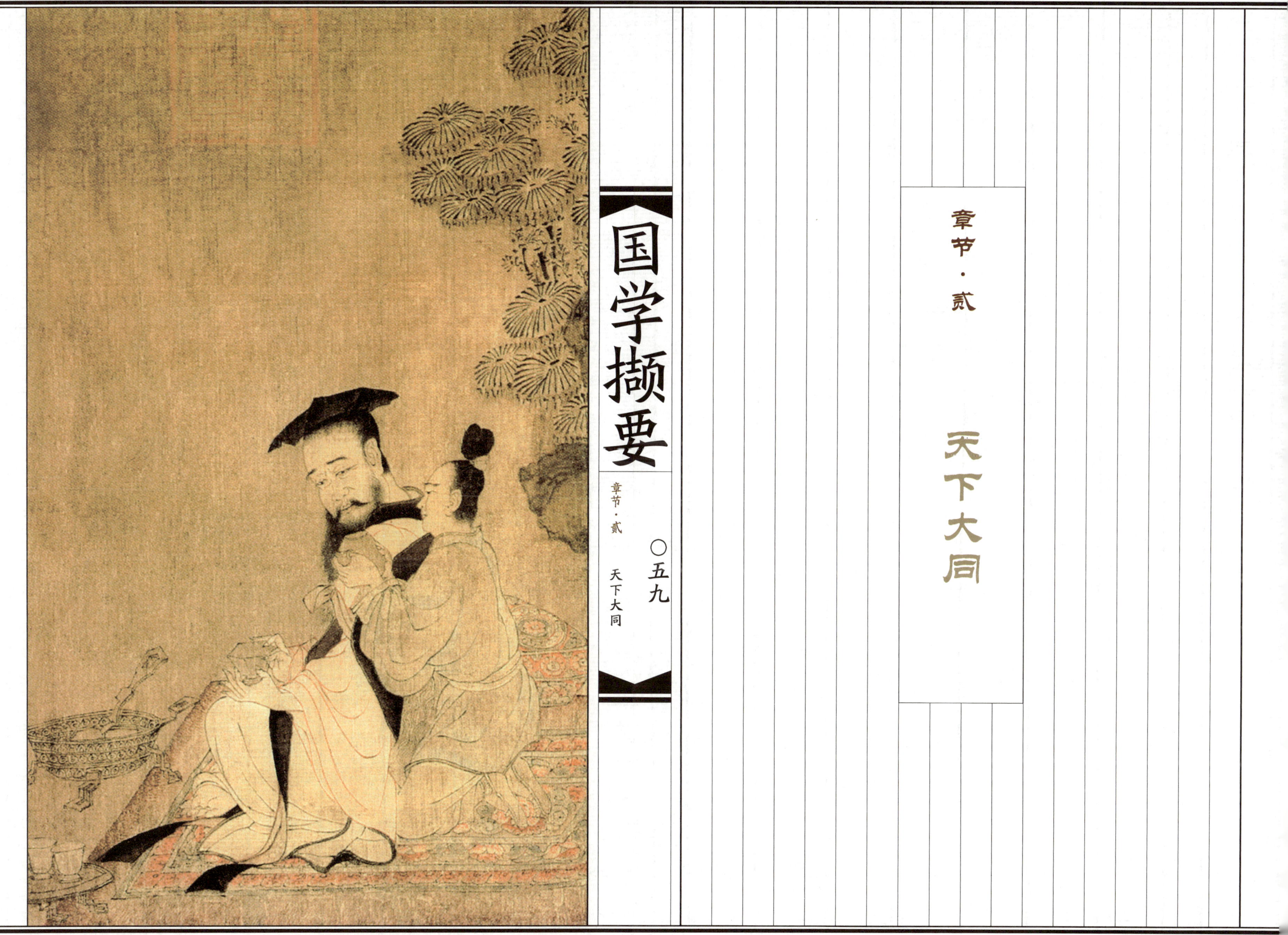

『各美其美，美人之美，美美与共，天下大同。』著名社会学家费孝通晚年提出的四句话意味深长。回溯历史，正是中国各族人民既奋发有为『各美其美』，又互相学习『美人之美』，才成就多元一体『美美与共』，创造出悠远光辉的中华文明，与世界文明和谐相生。

『以和为贵』『亲仁善邻』『协和万邦』，是中国自古以来处理人际关系和民族关系的传统伦理美德，也是中华民族为实现大同之道而铺就的对外关系的基石。

《周易·序卦》云：『夫妇之道，不可以不久也，故受之以恒。恒者，久也。』《中庸》云：『君子之道，造端乎夫妇。』这就是说，人伦之道始于夫妇。在世界上各种文化、宗教和哲学思想中，没有谁比儒家更重视夫妇之道、家庭伦理。

从文学作品《诗经》《西厢记》《红楼梦》到乐曲《凤求凰》《梁祝》《贵妃醉酒》，历代文学家、音乐家都在以各种形式描写、歌颂爱情，寄托浪漫主义情怀。文学史上涌现出大量爱情作品，创作了数不尽的脍炙人口的经典人物形象。或是大家闺秀、小家碧玉，或是王侯将相、贫寒书生，爱情在文学的世界里演绎、升华。

虽然从古代到现代，人类社会经历了很大的变化，但家庭是社会的细胞，夫妇之道是人伦之始，这是人类社会发展所恒久不变的。在现代社会，更应该确立男女平等、夫妻相互尊敬与和谐的原则。

同门为朋，同志为友。朋友两个字，对中国人而言语义非凡。子曰：道不同不相为谋，各从其志。只有志同道合的人才能走到一起，同心合意地去追求理想。在追求正义和真理的道路上，朋友是相互扶持者，志向如高山流水般清冽高远。

相传先秦时期的琴师俞伯牙在荒山野岭弹琴，樵夫钟子期竟能领会他琴中蕴含的真意：『巍巍乎志在高山；洋洋乎志在流水』。伯牙惊喜地感叹说：『善哉，子之心而与吾心同。』钟子期去世后，伯牙失去了知音，摔琴绝弦，终身不再操琴。『知音』这个词语从此成为对能赏识自己的知己的代称。

中国古代文坛志同道合的朋友很多，刘禹锡早年与柳宗元交往密切，人称『刘柳』。后来，他又与白居易交谊深厚，并称『刘白』。唐宝历二年（公元八二六年），任和州刺史的刘禹锡返回洛阳，白居易也正好从苏州回洛阳，两人在扬州相逢，白居易即席赋诗一首赠刘禹锡，对刘禹锡被不幸贬职表示了深深的同情和慰藉。白居易和刘禹锡都在洛阳任职，两人心心相印、惺惺相惜，白居易对刘禹锡的诗非常推崇，称他为『诗豪』。白居易写过《忆江南》词三首，刘禹锡也和了两首。刘禹锡在《白太守行》诗中称赞白居易政绩斐然，离任时『苏州十万户，尽作婴儿啼』。古云，文人相轻，而中国文人君子之间却能引为知己、惺惺相惜。

天下大同是天道精神的体现，也是孔子的社会理想，『四海之内皆兄弟也』，中华各民族亲如一家，情同手足。近代康有为《大同书》也提出『人人相亲，人人平等，天下为公』的理想社会。

自古以来，汉族从少数民族文化中不断地汲取营养。《诗经》『国风』和『小雅』中的一些篇章，就来自当时周围各民族中流传的歌谣。后来，从楚辞、乐府到宋词、元曲，从内容到体裁形式都有少数民族文学的成分。甚至唐代刘禹锡的竹枝词，也有人考证与土家族

民歌有十分密切的关系。汉文文献中最早翻译少数民族作品的要数春秋时的《越人歌》、北朝时的《敕勒歌》和汉代的《白狼慕汉歌诗》。『山有木兮木有枝，心悦君兮君不知』，『天苍苍，野茫茫，风吹草低见牛羊』，这些词句至今脍炙人口。

在史学方面，单说蒙文三大历史著作，《蒙古秘史》于明洪武年间、《蒙古源流》及《蒙古黄金史》于清乾隆年间先后被译作汉文，并在若干方面补充了汉文记载之不足。白族原有古白文著作《白古通》和《玄峰年运记》，现已失传，但这两部书经明代大文豪杨慎『稍加删润，成《滇载记》』，这也是用汉文翻译少数民族文字的一部著作。至于其他领域，诸如元代维吾尔族农学家鲁明善的《农桑衣食撮要》，元代回族天文学家札马鲁丁编撰的『万年历』，清代蒙古族数学家明安图的《割圆密率捷法》，乃至清代彝族人士曲焕章根据彝文秘方制作的云南白药等，都是汉族对少数民族文化的吸收，已成为中华民族所共有的财富。中华文化在各民族文化的交融互补中不断完善，共同发展。

近代中外文化的交流，走着一条与古代迥然不同的道路。欧洲工业革命后，西方现代文明伴随着工业化浪潮向全世界扩散。闭关锁国了近百年的中国，被迫接受西方文化的挑战。因此，中西文化的冲突与融合便成为了近代中外文化交流的主要特征。

面对着与枪炮特权一齐涌进国门的西方文化，具有传统文化素养的有识之士，继承了古代中国对外开放的优良传统，怀抱图强雪耻之心，自觉地走上了融合中西文化之路。

他们是开眼看世界的先行人，热切地期盼民族觉醒、中华昌盛。他们吹响洋务与新政的号角，担当起『公车上书』的擂鼓手、『三民主义』的摇旗者。『南陈北李』共创中国革命史上的佳话，为新文化运动呐喊，向民族复兴的康庄大道奋力奔跑。

自由、平等、博爱的崇高理念和精神，浸润在中国传统文化『大同』的思想中，体现了人类社会发展的必然归宿。它和产生于古希腊斯多噶学派中的世界大同、人人平等的思想一样，是全人类的共同财富，也应该是当今全球化核心内涵中最可宝贵的东西，并永远值得我们继承和弘扬。

高山流水遇知音

一曲《高山流水》，千载以下，牵动多少情思。故事是由音乐来接引的，接引出万里孤独，接引出七弦琴的断弦碎片，接引出千古知音……人们无法用其他词汇来表述它的高远和珍罕，只能留住『高山流水』四个字，成为中国文化中强烈而飘渺的共同期待。

孟子云：人之相识贵在相知，人之相知贵在知心。人生路途中，也许会遇到一个人，像樵夫，像隐士，像路人，出现在你与高山流水之间，短短几句话，使你大惊失色，引为终生莫逆。在莫逆之交和同声共气的知遇故事中，亦可品味中国古代文人的才情与友谊。

相顾无相识 长歌怀采薇

《采薇图》是宋代李唐的一幅名画，以殷末伯夷、叔齐『不食周粟』的历史故事为题材的画作。伯夷、叔齐『不食周粟，采薇而食』的故事在中国被传唱两千余年，至今不衰。伯夷和叔齐是商末孤竹君的两个儿子。孤竹君遗命立次子叔齐为继承人，叔齐因为敬仰伯夷而让位给伯夷，伯夷坚决不受，叔齐也不愿继位，两人便逃离。周武王伐纣时，两人以武王不葬父而兴兵乱是不孝、以下犯上是不忠的理由谏阻，但未得到采纳。武王灭商建立周朝，他们认为王朝的建立不合君臣道义，便耻食周粟，采薇而食，兄弟两人最终饿死于首阳山。

《采薇图》着力刻画了古代这两个宁死不愿意失去气节的人物。图中描绘伯夷、叔齐对坐在悬崖峭壁间的一块坡地上，伯夷双手抱膝，目光炯然，显得坚定沉着；叔齐则上身前倾，表示愿意相随。画中伯夷、叔齐均面容清癯，身体瘦弱，肉体上由于生活在野外和以野菜充饥而受到极大的折磨，但是在精神上他们却丝毫没有被困苦压倒。

在名士凋零、举世混浊的背景下，伯夷与叔齐抱节守志的高风亮节得以彰显、流光溢彩，而他们之间相互砥砺、彼此扶持的情谊更加高尚。

管鲍之交

辅佐齐桓公成为春秋五霸之一的齐国宰相管仲曾说：『生我者父母，知我者鲍叔牙。』后世人说到人之相知，必称『管鲍』。

管仲与鲍叔牙相识甚早，鲍富而管贫。两人一起做生意，每次分钱都是管仲多取，鲍叔牙却不认为他贪财而是因贫穷所至；管仲从军打仗多次逃跑，同行的人笑话他胆小怯弱，鲍叔牙却知道他是有老母在堂需要奉养；管仲三次做官三次被辞，鲍叔牙知道他不是无能而是时运不济；管仲和鲍叔牙分别辅佐公子纠和小白，公子纠夺位失败，管仲沦为阶下囚，忍辱负重，鲍叔牙懂得他不是苟且偷生，而是以没有实现功名抱负为耻，大志没有伸展于天下不能就死……齐桓公想立鲍叔牙为相，鲍叔牙却说想要齐国强大只有立管仲为相，最终说服了齐桓公立管仲做了宰相。在管仲的辅助下，齐桓公最终实现了国富兵强，成就了春秋霸业。

世人提起管鲍，无不称赞管仲的治世才华和鲍叔牙的知人之明。他们的故事常被拿来做朋友之间相互理解、信任的典范，被称为『管鲍之交』。

桃园三结义

中国古代向来尊皇权为至高，但是却有人发出了『山河不足重，重在遇知己』的呼声。三国时期的刘关张桃园结义，最能体现这种不重山河重知交的友情。

三国时，蜀汉开国君王刘备，招募义士共举大事，先后遇上了有共同志向抱负的张飞和关羽。三人在张飞庄后的桃园里焚香祭告天地，结为兄弟，立誓说：『念刘备、关羽、张飞，虽然异姓，既结为兄弟，则同心协力，救困扶危；上报国家，下安黎庶。不求同年同月同日生，只愿同年同月同日死。皇天后土，实鉴此心，背义忘恩，天人共戮！』

后来，刘备在诸葛亮和关张二人的辅佐下称帝建立了蜀汉政权，做皇帝以后也并没有忘记三人之间的结义，三人仍是同席而食，抵足而卧。三人同起兴兵，形影不离数十年，后来先后离世。他们之间共浴沙场，生死相交，在世上少有人可比肩。

故人入我梦 明我长相忆

唐朝是中国封建时代的空前盛世，泱泱大唐之风也孕育出了很多为人传唱经久不衰的友谊。

李白、杜甫式的交情可谓『海内存知己，天涯若比邻』式的挚交。李白与杜甫中年在洛阳相遇，一见如故，从此结为知己，此后长期没有机会重逢。从与李白分手直到晚年，杜甫写下了大量的追念李白的诗篇，表现了他对李白的推崇和情义。李白被贬夜郎，杜甫对他的生死魂牵梦萦，写下了《梦李白》两首，流传千古。其中有『故人入我梦，明我长相忆』神来之笔，将两人的友谊深深刻印在了后世文人的心中。中国历来有对友情的描述和界定：一生一死，乃知交情；一贫一富，乃知交态；一贵一贱，交情乃见。

唐朝诗人韩愈和孟郊的友情可以说是贫富贵贱之交。韩愈是唐宋八大家之首，又是古文运动的倡导者，文采出众，也是朝堂上的高官。孟郊一生贫困潦倒，后游学京师受到韩愈的赏识，四十多岁时到江苏任职，韩愈作诗相送，写下了名句『物不平则鸣』。孟郊的孩子不幸夭折，韩愈写诗安慰他。后来孟郊亡故，韩愈老泪纵横，为他撰写了墓志铭。孟郊也有很多感激韩愈知遇之情的诗作。两个人之间的友情跨越了世俗门阀，超越了生死，一直光耀在星河灿烂的文学史上。

白居易有一首怀念友人刘禹锡的名诗说，『同贫同病退闲日，一死一生临老头。』当年两人都在洛阳做官，每天把酒当歌，一醉一陶然。白居易还有《赠梦得》诗说，『与我尽一杯，与君发三愿：一愿世清平，二愿身强健，三愿临老头，数与君相见。』临老头，长相见，简单而美好的愿望，蕴含着深厚的友情，淳朴的期许。

唐朝很多著名诗人之间，比如白居易与元稹之间的交情，王维与裴迪之间的友谊，刘禹锡和柳宗元之间的友情，都是值得高歌赞颂的。

一僧一俗 一老一少

唐朝开放的文化环境促进了各行业的交融，有一对朋友跨越了僧俗的界限建立了深厚的友谊。他们便是『唐代第一诗僧』皎然和『茶圣』陆羽。

安史之乱后，陆羽为避难来到湖州结识了皎然，开始了长达五十年的僧俗忘年友谊。皎然引荐陆羽结识了江南名士刘长卿、张志和等人，帮助他完成了《茶经》。

后皎然为陆羽建成苕溪草堂，并亲自远赴苏南把陆羽请回湖州，写诗相赠；后陆羽移居别地，皎然再次造访，并写诗留念；陆羽在江西上饶开山种茶，皎然想念陆羽，不顾自己七十岁高龄，上山邀请，陆羽随皎然回湖州。不久皎然圆寂。陆羽病逝后，也葬在杼山，坟茔与皎然的砖塔隔山相望。

一僧一俗，一老一少，皎然不计得失，不念个人利益，无微不至地关怀照顾了陆羽一生，这样的友谊高远空灵，超脱了一切世俗。

沙场点兵 诗酒唱和

南宋豪放派代表词人辛弃疾和陈亮是志同道合、爱国救世的朋友。辛弃疾和陈亮相交于风雨飘摇的南宋孝宗年间，两人同样文武双全、才华横溢，均主张收复失地、抗金报国。相同的爱国主义情操是两人的友谊基石。两人曾共商抗金大计，携手泛舟游湖，诗酒唱和十几天。辛弃疾后来寄给陈亮不少抒发豪情壮志的词作，其中以《破阵子》最负盛名：『醉里挑灯看剑，梦回吹角连营。八百里分麾下炙，五十弦翻塞外声，沙场秋点兵。马作的卢飞快，弓如霹雳弦惊。』一腔忠愤，无论在醒时还是在醉里、梦中都不能忘怀。高昂而深沉的爱国之情、献身之志，也与志同道合的友人相勉励！

词坛双璧 第一知己

清代第一词人纳兰性德生而慷慨好结交名士，他贵为相国公子却从不骄矜，常折节下交，结识了很多贫贱之交。

清康熙十五年（公元一六七六年），纳兰二十二岁，和年逾四十的顾贞观一见如故，挥笔写下传诵不衰的《金缕衣·赠梁汾》。此词真切地表达了他对高尚情操的追求和对友人生死不渝的真挚。两人相互倾慕彼此的才华人品，文学见解也十分契合，两人的『性情说』是清初词坛上的重要文学主张。他们二人的作品风格也相似，纳兰的《饮水词》和顾贞观的《弹指词》被视为当时词坛双璧。

顾贞观的好友吴兆骞曾因清初冤案牵连流放塞外二十多年，纳兰知道此事后挺身而出，为营救吴兆骞劳心费力，经过多年努力才将其赎回京都。纳兰三十一岁的时候病逝，顾贞观泪洒青衫，为其写下了感人肺腑的祭文。顾贞观也不愧为纳兰的第一知己，从始至终倾注了全部真诚来珍惜二人之间的友情。

纳兰在官场里出淤泥而不染，一生都不顾自己安危守护着友人，以纯洁高尚之心锻造了他和顾贞观之间的知音深情。

『海内存知己，天涯若比邻。』中国古代的文人墨客在风雨飘摇的人生路途中，皎然不计得失，怀赤诚之心，高远空灵之胸襟，诗酒唱和，成就了超越世俗的友情佳话。人生得一知己，足矣。

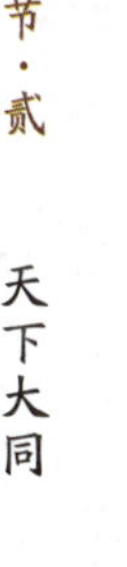

『死生契阔，与子成说。执子之手，与子偕老。』爱人是终生的伴侣，在人生道路上相濡以沫、休戚与共。爱情是生活中不老的话题，也是文学作品恒久的主题。于孤灯之下，拂去书案的尘埃，翻开那早已泛黄的《诗经》，在氤氲的书香里，乘着时光机，返回到两千多年前的礼制完善之初时周代，忘掉纷纷扰扰，走进那个遥远的年代，倾听一曲曲爱的歌谣。

《诗经》中的『和合之美』

《诗经》的开篇之作《周南·关雎》：『关关雎鸠，在河之洲。窈窕淑女，君子好逑。』讲述了君子淑女，和合之美；『风雨凄凄，鸡鸣喈喈。既见君子，云胡不夷。』描绘了闺人含蓄微妙的内心波澜；『青青子衿，悠悠我思。纵我不往，子宁不嗣音。』诉说着热恋中女子殷切的思念之情……《诗经》里美好的诗篇，穿越亘古的时光，拨动今人柔情的心弦。

『溱与洧，方涣涣兮。士与女，方秉兰兮。女曰观乎？士曰既且。且往观乎？洧之外，洵訏且乐』描绘了远古时候，青年男女集体相会、自由恋爱的美好。阴历三月上旬己日是男女聚会之时，阳春三月，大地回暖，艳阳高照，鲜花遍地，众多男女齐集溱水、洧水岸边临水祓禊，祈求美满婚姻。一对情侣手持香草，穿行在熙熙攘攘的人群中，感受着春天的气息，享受着爱情的甜蜜。『投我以木瓜，报之以琼琚。匪报也，永以为好也』（《诗经·卫风·木瓜》）。女子把香美的瓜果投给集会上的意中人，男子则解下自己身上的佩玉等作为定情物回赠给心中的姑娘。

『蒹葭苍苍，白露为霜。所谓伊人，在水一方。』深秋清晨，蒹葭河畔，芦苇碧色苍苍，露水盈盈，晶莹似霜。一位羞涩的少女缓缓而行，这是男子日思夜想的人啊，她一会儿出现在水边，一会儿又出现在水之洲。男子『上穷碧落下黄泉』去找寻，然终于『两处茫茫皆不见』，空落惆怅，急切而又无奈的心情，又如刀绞一般，心中的伊人不过幻影云雾，水月镜花。他开始思念，『一日不见，如三月兮；一日不见，如三秋兮；一日不见，如三

岁兮。』最终，有情人在钟鼓琴瑟的宴乐中结为秦晋，终成眷属。

和合之美是中国古代人伦美德，朱熹的《诗经集传》亦谓：『惟《周南》《召南》亲被文王之化以成德，而人皆有以得性情之正。』『旧说二南为正风，所以用之闺门、乡党、邦国而化天下也。』

琴瑟在御 莫不静好

『凤兮凤兮归故乡，遨游四海求其凰。』这是西汉辞赋名家司马相如为抒发对『巴蜀第一美女』卓文君的爱慕之情，在灵光一现之间写下的千古名句。至今读来，字里行间仍能感受到琴瑟和鸣、伉俪情深。

司马相如与卓文君的故事可谓家喻户晓。司马相如是西汉有名的辞赋家、音乐家。卓王孙是汉代临邛大富豪。一天，为附庸风雅他请司马相如来家做客。席间，免不了要作赋奏乐。司马相如得知卓王孙之女文君美貌非凡，更兼文采，于是奏了一曲《凤求凰》以传爱慕之情：

凤兮凤兮归故乡，遨游四海求其凰。时未遇兮无所将，何悟今兮升斯堂！有艳淑女在闺房，室迩人遐毒我肠。何缘交颈为鸳鸯，胡颉颃兮共翱翔！凰兮凰兮从我栖，得托孳尾永为妃。交情通意心和谐，中夜相从知者谁？双翼俱起翻高飞，无感我思使余悲。

卓文君也久慕司马相如之才，遂躲在帘后偷听。求偶之意如何听不出？琴声传情大胆炽烈，暗约文君半夜幽会，并一起私奔。当夜，卓文君收拾细软走出家门，与早已等在门外的司马相如会合，从而完成了两人生命中最辉煌一事件。

卓文君也不愧是一个奇女子，与司马相如回成都之后，面对家徒四壁的境地，开了一家酒铺，卓文君亲自当垆卖酒。他们安于清贫，自谋生计，『文君当垆』『相如涤器』从此而来。

司马相如的文采受到汉武帝的赏识，不久，下诏来召司马相如。相如与文君依依惜别。岁月如流，不觉过了五年。文君朝思暮想，盼望丈夫的家书。万没料到盼来的却是写着『一、二、三、四、五、六、七、八、九、十、百、千、万』十三个数字的家书。文君反复看信，明白了丈夫的意思。数字中无『亿』，表明已对她『无意』。文君苦等等到的是一纸数字，知其心变。悲愤之中，就用这数字写了一封回信：

『一别之后，两地相思，说的是三四月，却谁知是五六年。七弦琴无心弹，八行书无可传，九连环从中折断。十里长亭望眼欲穿。百思想，千系念，万般无奈把郎怨。

万语千言道不尽，百无聊赖十凭栏。重九登高看孤雁，八月中秋月圆人不圆。七月半烧香秉烛问苍天，六月伏天人人摇扇我心寒，五月榴花如火偏遇阵阵冷雨浇花端，四月枇杷黄，我欲对镜心意乱；急匆匆，三月桃花随流水；飘零零，二月风筝线儿断。噫！郎呀郎，巴不得下一世你为女来我为男。』

司马相如对这首用数字连成的诗一连看了好几遍，越看越感到惭愧，越觉得对不起对自己一片痴情的妻子赶紧亲自回乡，用驷马高车把文君接往长安。

后来，司马相如逐渐显达，欲纳妾。据《西京杂记》记载，司马相如将聘茂陵人女为妾，卓文君作《白头吟》以自绝：

『皑如山上雪，皎如云间月。闻君有两意，故来相决绝。今日斗酒会，明旦沟水头。躞蹀御沟上，沟水东西流。凄凄复凄凄，嫁娶不须啼。愿得一心人，白头不相离。竹竿何袅袅，鱼尾何簁簁。男儿重意气，何用钱刀为！』

唐代大诗人杜甫在寓居成都时作《琴台》云：『酒肆人间世，琴台日暮云。』如今，邛崃县城里，『文君井』『琴台』古迹犹存。在文君庭园里的『琴台』有一联云：『井上疏风竹有韵；台前古月琴无弦。』这些诗联记载了当年卓文君与司马相如忠贞的爱情韵事。

鸾凤和鸣 贵妃醉酒

唐玄宗李隆基，文治武功，精通音律。其在位二十余载，天下太平，自认为胜于贞观之年，便将年号『开元』改为『天宝』，每日笙歌宴乐，快慰平生。一日，在宫廷宴乐中，他发现跳《霓裳羽衣舞》的杨玉环非但有倾国倾城之貌，而且艺术禀赋极高，便将她纳为贵妃。杨玉环与李隆基常在宫中探究音律，鸾凤和鸣。李隆基创办梨园，演艺班子去演习，梨园弟子为皇帝和贵妃表演各种舞蹈和参军戏、角抵戏。原来，杨玉环出身教坊，也有梨园生涯，她为自己遇到唐明皇这样的知音深感幸运，她为唐明皇开创梨园、发展艺术的业绩所折服。她带头下拜，众梨园弟子随之下拜，在梨树之下，拜认李隆基为梨园祖师爷。

唐明皇有三宫六院，偶尔也去别的妃子处。此日，杨玉环与唐明皇约好在百花亭饮宴，谁知唐明皇中途驾转西宫梅妃处，杨玉环只得一人在百花亭独饮，酩酊大醉，趁醉发泄苦闷和不满。他在太监的启发下，割下一缕青丝，托高力士捎给唐明皇，以表心迹。

唐明皇收到杨贵妃的青丝，特地去探望贵妃。时值七月初七，杨玉环到长生殿对月乞巧，以双手在金盆中捧月，并倾诉她对唐明皇的思念，对纯洁和永恒爱情的追求。唐明皇赶到长生殿，在杨玉环身后听闻，大为感动。于是二人重归于好，对天盟誓。

唐代著名现实主义诗人杜甫根据这一史实谱写了《长恨歌》，记述唐玄宗的荒淫误国，引出了政治上的悲剧，反过来又导致了他和杨贵妃的爱情悲剧。在《长恨歌》的实际写作当中，他又服从了民间爱情故事所表达的人类向美的本能和情感欲望。这样，整个故事便具有了更为深刻复杂的涵义。

唐明皇与杨贵妃的故事也成为京剧中传唱的曲目。二十世纪五十年代，《贵妃醉酒》经梅兰芳加工点缀，去芜存精，成为『梅派』经典演出剧目之一。

中国古代文人是含蓄内敛的，但爱情在中国古代的文学作品中却得以彰显，这源于文人的浪漫主义情怀，更体现了爱情的珍贵及其所散发出的人性的真、善、美。

路漫漫其修远兮

路漫漫其修远兮，吾将上下而求索。在中国历史上，恒河沙数的古代先贤上下求索，风尘仆仆的文化使者一直奔赴在民族文化交流的前路上，谱写了民族融合的赞歌。春秋战国时代诸国纷争，百家争鸣，诸国之间的外交活动和文化层面的争鸣促进了古代各民族国家间文化的传播和交流。秦汉时期，西域和北方少数民族的崛起对开发边疆起着重要的作用，但同时却给中原地区的安定造成威胁。睿智的中原统治者为了与周边少数民族政权和睦共处，不断地派遣文化使节，促进了民族融合和经济发展，为文化的交流传播作出了巨大贡献。

弃笔从戎 威镇西域

张骞是汉代卓越的探险家、外交家、旅行家。张骞出使西域本为贯彻汉武帝联合大月氏抗击匈奴之战略意图，他凿通了西域丝绸之路，开拓了汉朝通往西域各国的南北道路，中原文明通过『丝绸之路』迅速向四周传播，恐怕是汉武帝所始料不及的。因而，张骞出使西域这一历史事件具有特殊的民族文化交流的历史意义。

张骞将在西域各国的见闻做了详细报告，为司马迁《史记》的编纂提供了可靠的素材，成为研究西域各国古代地理和历史的最珍贵的资料。他还从西域各国引进了汗血马、胡桃、苜蓿、葡萄等品种，为经济的交流也作出了巨大贡献。张骞可以称得上是中国古代文化交流使节第一人。

班超是东汉著名的军事家和外交家，是历代投笔从戎者的榜样及祖师。班超年少时即有大志向，据《东观汉记》载，班超对抄书感到厌烦，投笔感叹道：『大丈夫当效傅介子、张骞立功异域，以取封侯，安能久事笔砚乎！』在被他人嘲笑后，班超又说：『小子安知壮士之志哉！』后来，汉明帝任命他为兰台令史。

汉永平十六年（公元七三年），班超出使西域鄯善国（今新疆东南部），当时匈奴也在极力争取鄯善王。班超刚到鄯善国，国王非常礼待班超，但几日后突然冷淡下来。班超认识到，『必有匈奴使者来』而导致了鄯善王犹疑，后用计得到了确实的消息，下决心『不入虎穴，焉得虎子，当今之计，独有因夜以火攻之』。当夜，班超带领手下在匈奴使者帐外

放火鸣鼓，致使对方惊乱。班超亲手格杀三人，吏兵斩杀三十多人，其余百余人均被烧死。班超次日将匈奴使者首级展示予鄯善王，震撼其国人，鄯善国遂归顺汉室。班超在这一战中留下了『不入虎穴，焉得虎子』的千古名句。

在之后的数年里，西域诸国已多半归降汉朝。汉永元六年（公元九十四年），班超讨平焉耆、危须（今新疆焉耆回族自治县东北）和尉犁（今新疆库尔勒市城南），至此，西域五十余国都已归附于汉。第二年，班超被封为定远侯。

汉永元十四年（公元一零二年），班超因年老思乡回到洛阳，拜官射声校尉。班超在西域共达三十一年，不仅善于用武力镇抚各国，更善于用外交手段去联络较远的国家。在班超的努力下，塔里木盆地的统治权又归到了汉朝，再现了一百年前汉宣帝的辉煌。

昭君出塞 文姬归汉

汉初经济并不发达，为了防止匈奴的搅扰，安心休养生息，统治者采取『和亲』政策来牵制匈奴，利用中原文化潜移默化地同化匈奴。『昭君出塞』在汉家和亲史上传为佳话。

王昭君是中国古代四大美女之一，是『沉鱼落雁、闭月羞花』中的『落雁』。昭君出塞之时正值秋高气爽、北雁南飞的季节，昭君感慨身世，心系故国，在坐骑上奏起了悲壮的离别之曲。南飞的大雁听到这哀美凄绝的琴声，看见明艳照人的昭君后竟然忘了摆动翅膀，纷纷跌落在地，这就是『落雁』之说的由来。

《后汉书·南匈奴列传》记载：『昭君字嫱，南郡人也。初，元帝时，以良家子选入掖庭。』

汉元帝时，昭君被选入宫，按照惯例要由画工先画了容貌呈给皇帝，得到了皇帝传召才能得见圣颜。当时，主画的画师毛延寿技艺精湛，不论男女老幼必得其神妙精似，然而毛延寿道德品格很败坏，生性贪婪卑劣，常向宫女索贿，宫女为得召见大都倾囊出资。昭君自恃美貌绝伦，又清高自傲，断断不肯折节迁就，毛延寿便在她画像上点了一颗大大的痣。如此，昭君便与皇帝失之交臂，『入宫数岁，不得见御』。

汉元帝为维护和匈奴的和平关系采取和亲政策，要从众宫女中选取有才貌者冒充和亲的公主远嫁到匈奴。匈奴山高水远，一旦去了就不能再回家乡，因此很少有踊跃者。昭君不甘于平庸，大胆果断地做出了请求出塞和亲的决定。汉元帝召见这个勇敢决绝的女子时，初见面，便被她艳丽无双的姿容所震撼，从没料到宫中还住着这么一位冠压群芳的美人，当下便大怒杀掉了画师毛延寿，企图挽留昭君。昭君冰清玉洁，仍是不改初衷。汉元帝又不可失信于匈奴人，于是忍痛割爱，赏昭君锦帛二万八千匹、絮一万六千斤及黄金美玉等贵重物品，并亲自送出长安十余里。

昭君出塞以后，汉匈两族团结和睦，国泰民安，展现出一幅欣欣向荣的和平景象。十余年后，昭君随雁仙逝，被厚葬于今呼和浩特市南郊，墓依大青山，傍黄河水，后人称之为『青冢』。

元代诗人赵介认为，王昭君的功劳不亚于汉朝名将霍去病，她的历史功绩不仅仅在于她主动要求出塞和亲使汉朝避免了兵连祸结，使边锋战火熄灭了五十年，更主要的是，她出塞

之后增强了汉族和匈奴族的民族团结，促进了民族融合，为胡汉两族人民和睦亲善与经济文化交流作出了巨大贡献。因此，昭君出塞的故事也成为了中国历史上流传不朽的民族团结的佳话。

东汉末年，一位才貌无双的女子在战火纷飞的年代横空出世，她的美貌足以与昭君相媲美，才华又盖过美貌，她也曾远嫁匈奴，为汉家青史描绘了浓墨重彩的一笔，她就是名曲《胡笳十八拍》的创作者蔡文姬。

蔡文姬是东汉大文学家蔡邕的女儿，是中国历史上著名的文学家。她精于天文数理，既博学能文，又善诗赋，兼长于辩才与音律。文姬才学斐然，才名可以与大才女班昭相比肩。她仅凭记忆就默记出了四百卷书，而且无一遗漏错误，其才情之高由此可见一斑。

关于蔡文姬，历史上有『文姬归汉』的美谈。匈奴入侵，蔡邕因得罪朝廷而被处死，文姬流离失所，和其他妇女一起被掳到了南匈奴，嫁给了匈奴左贤王，饱尝了国破家亡、背井离乡的悲苦。十二年后，曹操统一北方，想到恩师蔡邕对自己的教诲，用黄金千两、白璧一双赎回了文姬。文姬回归汉朝，离开时二十三岁，归来时已人到中年。文姬归汉后，在曹操的撮合下嫁给了当时的名士董祀，留下了动人心魄的《胡笳十八拍》和《悲愤诗》。

文姬归汉为保存中国古文化也做了不小贡献。文姬在匈奴十二年，将中原的音律融入到胡音之中，为音乐另辟了一条蹊径，又将先进的汉族文明传播到了匈奴地区，为匈奴地区的发展，为两族的融合作出了不可磨灭的贡献。

冰山高原 并蒂雪莲

隋唐时期，宽松的民族政策大大地促进了民族交流融合，唐太宗李世民在当时少数民族中有『天可汗』之称，可见唐朝的民族政策深得人心。

史籍记载，唐贞观十五年（公元六四一年），唐太宗将宗室女文成公主嫁给松赞干布，令李道宗持节护送。松赞干布率兵亲迎，执礼甚恭，并为公主修筑了专门的宫室，就是后来举世闻名的布达拉宫。

文成公主入藏带去了丰厚的陪嫁，有各种佛教的经典、医学著作、医疗器械、营造与工技著作等，还带去了各种作物种子。她带去的工匠提高了吐蕃的冶金术、医术、经书、文学著作等促进了吐蕃经济、文化的发展，加强了汉藏两族人民的友好关系。文成公主热爱藏族同胞，深受百姓爱戴，她参与设计了大小昭寺，将汉族的纺织、酿酒、造纸等先进的技术传到吐蕃。她带去的金质释迦牟尼像至今仍被藏族人民所供奉崇拜。

金城公主名李奴奴，是唐中宗的养女。唐神龙三年（公元七零七年），吐蕃请婚，中宗将其嫁给尺带珠丹。金城公主于唐景龙四年（公元七一零年）入藏，尺带珠丹为其筑城别居。金城公主入吐蕃三十年一直致力于促进唐朝和吐蕃合盟，经过她的不懈努力，唐开元二十一年（公元七三三年），唐与吐蕃在赤岭定界立碑，约定互不侵犯，并在甘松岭互市。

文成公主、金城公主在唐朝与吐蕃『合同为一家』局面的发展上的贡献是不容置疑的，这两位金枝玉叶的公主在远离家乡的冰山雪原上，用生命和青春绽放出了两朵灿烂晶莹的雪莲。

隋唐气度 四方来贺

中国开放的社会文化风气吹到了周边各国，对日本和亚洲各国都有巨大吸引力。日本通过四次派遣遣隋使，朝野上下对中国文化更加仰慕向往，出现学习模仿中国文化的热潮。公元六二三年，遣隋留学僧惠齐、惠日等人在留学中国多年后回国，向天皇报告，大唐国是法律制度最完备的国家，建议派使节赴唐学习。为了实现更加直接有效地学习唐朝先进制度和文化的目的，日本政府决定组织大型遣唐使团，派遣优秀人物为使臣，并携带留学生、留学僧去中国。公元六三零年，舒明天皇终于派出了第一次遣唐使，从六三零至八九五年的二百六十多年间，奈良时代和平安时代的日本朝廷一共任命了十九次遣唐使，其中任命后因故中止者三次，实际成行的十六次。

遣唐使的目的在于向中国学习，吸取唐朝文化，因而很重视使团人员的选拔，特别是大使、副使、判官、录事等官员。如高向玄理、吉备真备等曾长期在中国留学，山上忆良更是有名的文学之士。随行的留学生如阿倍仲麻吕，与诗人李白、王维结下深厚友谊，因归航受阻，留任唐官至秘书监。橘逸势则被唐人选为秀才。晁衡是日本留学生，大诗人李白的好朋友，曾入国子监学习，将唐朝的文化与制度传播到了日本，后在归国途中遇风浪沉船而逝，李白还写诗祭奠他。

随遣唐使及商船入唐的僧人，见于文献的达九十余人。他们在中国巡礼名山，求师问法，带回大量佛经、佛像、佛具等，同时输入与佛教相关联的绘画、雕刻等，对促进日本文化的发展起了很大作用。最澄、空海分别创立了日本的天台宗和真言宗，并且仿效唐朝，开创了日本佛教在山岳建寺的风气。空海所著《文镜秘府论》《篆隶万象名义》，圆仁留唐十年的日记《入唐求法巡礼行记》，是研究中国和日本的文艺批评、文字学和历史的重要文献。

新罗（朝鲜）人崔志远，十二岁到唐朝，十八岁中进士，二十九岁返新罗。他用汉文撰写的《桂苑笔耕》二十卷，保留了当时中国不少的史料，至今还是研究唐朝的宝贵资料。他致力于传播儒家思想和唐文化，促进了新罗学术和文化的发展。

惊风骇浪六次东渡 黄沙漫天万里取经

在中外文化交流史上，不得不提到一个特殊的群体——僧人。他们因自身的流动性，在当时的文化传播交流过程中占重要地位。东晋时期的名僧法显是中国第一位到海外取经求法的大师，此后，中外文化交流相继不断。

唐朝时，高僧鉴真为中日两国的交流作出突出贡献。鉴真，原姓淳于，十四岁时在扬州出家，应日本僧人邀请先后六次东渡，终于在七五四年到达日本。鉴真第一次东渡时，因为他徒弟的一句玩笑而被人嫉恨诬告，结果被捕入狱，其后连连失利。第五次东渡时，他们在海上遇到了三次大风浪，鉴真因长途跋涉劳苦过度而导致双目失明。最后他们历尽艰难险阻终于到达日本。

鉴真带了很多医书和佛书到了日本。他主持佛教仪式，系统讲授佛经，成为日本佛学界的一代宗师。他指导日本医师鉴定药物，传播唐朝的建筑和雕塑艺术，设计并主持修建了唐招提寺。这座寺院保存至今，是寺庙建筑的经典。鉴真死后，他弟子为其制作的坐像至今仍供奉在招提寺中，被日本人尊为『国宝』。

在鉴真渡海努力把佛教文明传向更东方的时候，西方黄沙漫天的大漠路途上也出现了一位僧人的身影，他与鉴真遥遥相和，都为了追求佛学的正统和光大而在路途上挥洒血汗。这位孤独伟大的西天取经人，是玄奘法师。

玄奘是中国佛教法相唯识宗创始人，汉传佛教史上最伟大的译经师之一，与鸠摩罗什、真谛并称为中国佛教三大翻译家。玄奘出家后遍访名师，因感各派学说分歧难得定论，便决心到佛教发源地天竺（印度）学习佛教。唐太宗贞观元年（六二七年），玄奘从京都长安出发，经凉州出玉门关西行，历经艰难险阻抵达天竺，游学天竺各地，与当地学者辩论，名震天竺各国。

玄奘西游行程五万里，历时十七年，共请回佛经梵文原著五百二十夹六百五十七部、舍利一百五十粒。回到长安之后，随即组织翻译，共译出经、论七十五部，计一千三百三十五卷。玄奘所译佛经多用直译，其所撰的《大唐西域记》是研究印度及中亚等地古代历史地理的重要资料。玄奘死于唐高宗麟德元年（公元六六四年），圆寂于长安玉华宫，葬于白鹿原，遗骸于公元九八八年被人带回南京天禧寺供奉。他的故事在民间也广为流传，《西游记》中的唐僧便是以他为原型创作的。

厚往薄来 郑和下西洋

明成祖时期，政府在外交上推行对外开放的睦邻友好政策。明永乐年间，推行『厚往薄来』精神和『宣德化而柔远人』的和平外交政策，不仅将中国文明远播于海外，还吸收了外来文化的有益成分，加强了与海外各国的文化联系。这都为后来的郑和下西洋铺平了道路。

郑和原名马三保，是明朝著名的航海家。公元一四零五年，明成祖命郑和率领二百四十多艘海船、二万七千四百名船员的庞大船队远航，出访了三十多个在西太平洋和印度洋的国家和地区，加深了明王朝和南海、东非各国的友好关系，史称郑和下西洋。

郑和七次下西洋的壮举推动了和平外交，稳定了东南亚的国际秩序，发展了海外贸易，开拓了海上事业，铺平了亚非航路，为西方人后来的大航海奠定了基础。郑和是大航海时代的先驱，他的航行之举远早于葡萄牙、西班牙各国一个世纪，比迪亚士早五十七年到达非洲。郑和下西洋是中国古代航海事业的顶峰。

中国古代的文化使者，不畏艰难险阻，密切了中原王朝和西域各族政治、经济、文化的联系，为开辟丝绸之路、缔造统一的多民族国家作出了功垂千秋的贡献，而且使博大精深的中国文化传向世界各地。

民族之康庄大道

中国早期的西学主要是通过来华的西方人传播的。近代以后，西学东渐的历史特征逐渐由被动接受转变为主动求知。中国近代知识分子汲取西方文明学术以改良东方文化，终于在中国走出了一条民族复兴的康庄大道。

在西学东渐之路上作出卓越贡献的中国人数不胜数，他们虽分属于不同阶层，却同样怀有民族复兴、国家富强、国民开化的宏愿，并为之不懈奋斗。

开眼看世界的先行人

林则徐主张学习西方先进文化、技术，发展民族工商业，被魏源评价为『近代中国开眼看世界的第一人』。

林则徐作为清政府官员，在广州禁烟期间，为了解西方国家的历史与现状，把英国人所著的《世界地理大全》翻译出来，亲自加以润色、编辑，撰成《四洲志》一书。书中简要叙述了世界四大洲三十多个国家的地理、历史和政治状况，是近代中国第一部相对完整系统的地理志书。此书开创了研究学习西方史的风气，在此影响下出现了一批西学著作。

魏源也是近代中国开眼看世界的先行者之一。他依据林则徐所辑《四洲志》编写成《海国图志》一书，囊括了世界地理、历史、政治、经济、宗教、历法、文化和物产，对强国御辱、匡正时弊、振兴国脉之路作出了探索。他认为，治学应以『经世致用』为宗旨，提出了『师夷长技以制夷』的观点，倡导学习西方先进科学技术，改革中国军队，捍卫中国的独立自主。他还提倡创办民用工业，批判了清朝的闭关锁国政策。魏源还推崇西方资本主义国家的民主制，在赋税问题上主张培植保护税源，指责苛捐杂税，是中国十九世纪以前政治、经济领域的先锋人物。

洋务与新政的号角声

十九世纪六十年代，清政府在第二次鸦片战争和太平天国运动的内忧外患中为寻出路，维护清朝封建统治，以『中体西用』为指导思想，发起了长达三十多年的洋务运动。

曾国藩被誉为『中国古代历史上的最后一人，近代历史上的第一人』。在曾国藩的倡议参与下，中国策划海防，建立了新式海军；创办新式学堂，派遣留学生出国深造；翻译印刷了中国第一批西方书籍，大力引进了西方文化。因为这些贡献，曾国藩成为中国历史上最有影响力的人物之一。

同时代的李鸿章是淮军的创始人和领导人，官至直隶总督兼北洋通商大臣。日本首相伊藤博文视其为大清帝国中唯一有能耐可与世界列强一争长短之人。

李鸿章建立了一支用西式装备武装起来的军队，创办了一批近代军事工业，建立了『上海炮弹三局』，首创了中国近代最大的民用企业——轮船招商局，又先后建立江南制造局，创办了一系列民用企业，涉及矿业、铁路和纺织、电信各行业，将洋务运动的重点由『自强』转向『求富』，在客观上促进了近代资本主义在中国的发展。

张之洞与曾国藩、李鸿章、左宗棠并称晚清『四大名臣』，他提出『中学为体，西学为用』的主张。张之洞生平最为人称道的是推进了中国教育的现代化进程。他以兴学求才为治国之首务，大力兴办新式学堂，改造旧式书院，广兴师范教育，使中国的教育形态发生了根本性变化。他创办了三江师范学堂（今南京大学）、武汉自强学堂（今武汉大学）、湖北武昌幼稚园，形成了教育的现代化体系，具有全国性的意义。

教育在中国近代西学东渐的历史进程中起着发轫起端的作用，伴随着思想文化的启蒙思潮推动着政治、经济制度的变革，也促进了新文化运动的产生。

中国晚清政府在内忧外患的双重压力下实行『新政』，派遣留学生出国的举动起到了很好的引进西方先进文化的作用。甲午战争后，首先兴起了留日浪潮；一九零零年以后，留美学生人数大量增加；一九一二年左右，李石曾、蔡元培等人发起了勤工俭学运动，使许多人得以留法……这些留学生直接接触到西方的教育，使西学更直接地传入中国。中国走向近代化的过程跟中国人留学西方是分不开的。

中国留学生之父

中国的海外留学生人才辈出，群英荟萃。而作为中国近代留学第一人的容闳，在近代海外留学史上又占据了众多的『第一位』，也可以说中国近代的留学生史从他开始。

一八四七年一月四日，个头不高的广东小伙儿容闳带了不多的行李，在广州黄埔港上船去美国。四月十二日容闳到达纽约。这一年，他十九岁。

容闳是中国近代史上首位留学美国的学生，亦为首名于耶鲁学院就读之中国人。世人称容闳为『中国留学生之父』。

容闳年轻时便曾与太平天国打交道，后来又连续参加了自强运动、戊戌维新、君主立宪运

动与兴中会革命等，在中国清朝的最后六十年之中，从太平天国开始，直到辛亥革命前夕，每一个重要的民族运动里都能发现他的身影。

容闳所著的《西学东渐》，结合作者自身六十多年的经历，描写了一个民主革命者思想转变的历程，在『西学东渐』史上，尤其是中美文化交流史上占有公认的重要地位，是中国留学生的人生必读之书。

『公车上书』的擂鼓手

一八九五年春天，北京聚集着大批从各省上京参加会试的举人，此时已经考试完毕，正在等待放榜。四月，甲午战争中国战败，中日两国签订《马关条约》，割让台湾及辽东，赔款二万万两白银的消息，像一颗炸弹在京城炸开，把大大小小的京官、举人们炸得血脉贲张。各地举人的公呈像雪片似地飞到都察院，呼吁朝廷拒绝签约。一位台湾省籍举人，在衙门外捶胸顿足，号啕痛哭，长跪不起，为台湾民众向朝廷请命。围观之人，莫不潸然泪下，感同身受。

在这批奔走呼号的『知识分子』当中，有两个广东人最为活跃，一个是康有为，一个是梁启超。康有为、梁启超起草了一份一万八千字的请愿书。据说，五月二日，康有为联合在京会试的公车一千三百多人，共同署名上书光绪皇帝，并齐赴都察院递交请愿书。这就是在中国近代史书上少不了的一页——『公车上书』。

这个被历史学家称之为是『自十二世纪宋朝太学生发动的知识青年救亡运动以来，绝无仅有的第二次』的大事件，是中国近代史上一个重要的节点，它象征着传统知识分子在近代社会的角色转换。康有为和梁启超领导了戊戌变法，在政治、经济、文化和思想上都促进了中国的发展。

康有为是清末民初最有影响的思想家，他领导了中国知识界的启蒙运动，首次倡导了政治体制上的中西结合，为民族思想文化的发展作出了重要贡献。

梁启超在文学和史学方面的研究成绩最为突出。他在文学理论上引进了西方文化及文学新观念，首倡各种文体的革新，创造了『新文体』，至今值得学习研究。

康、梁二人主张在政治上兴民权，实行君主立宪，在经济上发展资本主义，在思想上学习西方科学文化，并创办了报社，引进西方文化，将改革由物质层面深入到了制度层面，并在社会上起到了思想启蒙的作用。

『三民主义』的摇旗者

孙中山是中国近代民主革命的先驱。戊戌变法失败之后，以孙中山为首的资产阶级革命派提出了『三民主义』，企图以资产阶级革命斗争拯救中国。

一九零五年，孙中山提出了『三民主义』，在日本成立了中国第一个资产阶级民主革命政党——同盟会，举起了彻底反帝反封建的旗帜。一九一一年武昌起义爆发，孙中山由美国

返回中国，领导了辛亥革命，推翻了统治中国两千多年的封建制度，建立了中华民国。一九一二年孙中山就任中华民国临时大总统，后又领导了『护国』『护法』运动，坚持反帝反封建。

孙中山于一九二五年三月十二日病逝，当时于北京中央公园（现北京中山公园）社稷坛举行公祭时，豫军总司令樊钟秀特致送巨型素花横额，当中大书『国父』二字，他的唁电挽幛，均称『国父』，这是孙中山被尊称为『国父』之始。另外，孙中山先生之夫人宋庆龄，在中华人民共和国成立时期作出巨大贡献，享有较中华民国时期更崇高的地位，也被进而尊称为『国母』。

在众多革命家中还有一位女革命家受到了格外的关注和世人的尊重，她就是著名的女权主义者秋瑾。秋瑾曾自费入日本留学，在日期间积极参加留日学生的革命活动，与陈撷芬发起了『共爱会』，和刘道一等人创办了《白话报》。一九零一年《中国女报》创刊，秋瑾撰文宣传妇女解放，提倡女权主义。一九零七年接任大通学堂督办，与徐锡麟分别在浙江、安徽两省同时举事，后因事泄被捕，不久从容就义于浙江绍兴轩亭口。

孙中山和宋庆龄对秋瑾都有很高的评价，孙中山曾致挽联『江户矢丹忱，重君首赞同盟会；轩亭洒碧血，愧我今招魂女侠』。一九四二年宋庆龄在《中国妇女争取自由的斗争》中称赞秋瑾是『最崇高的革命烈士之一』，一九七九年宋庆龄为秋瑾纪念馆题词：『秋瑾工诗文，能跨马携枪，曾东渡日本，志在革命，千秋万代传侠名。』

『南陈北李』中国革命史上的佳话

新文化运动时期，民主思想和科学精神得到大力宣传，西学东渐发展已深入到文化的深层——思想层面。尤其是马克思主义传入中国以后，西学东渐扩大到了更广泛的领域。

一九一五年，陈独秀在上海创办《青年杂志》，陈任主编，李大钊负责撰稿与编辑工作，举起了民主与科学的旗帜，新文化运动以此为标志展开。

一九一八年，陈独秀和李大钊创办《每周评论》，提倡新文化，宣传资产阶级民主思想和马克思主义，同封建复古思想展开了激烈的斗争。

俄国十月革命以后，李大钊以《新青年》和《每周评论》为阵地，相继发表了《法俄革命之比较观》《庶民的胜利》《我的马克思主义观》等大量宣传十月革命和马列主义的著名文章，阐述讴歌了十月革命胜利的意义，积极领导和推动了『五四』爱国运动。新文化运动早期，李大钊和陈独秀分别在北京和上海筹建中国共产党，李大钊还在北京大学组织了中国第一个马克思学说研究会，聚集了一批具有共产主义思想的知识分子，成为中国共产主义的先驱。

陈独秀和李大钊为中国马克思主义的传播和发展、为无产阶级革命的前途积极活动，为中国共产党的建立和中国人民的解放革命作出了突出贡献。『南陈北李』成为中国革命史上一段佳话。

新文化运动的呐喊

年轻时代的周树人受进化论、尼采超人哲学和托尔斯泰博爱思想的影响，于一九零四年入日本仙台医科专门学医。后认识到，要从根本上治疗中国只有走文学之路，才能改变国民精神。

一九一八年，周树人首次以『鲁迅』为笔名，发表了中国现代文学史上第一篇白话文小说《狂人日记》，奠定了新文学运动的基石。『五四运动』前后，他参与《新青年》杂志工作，关注青年的理想，积极培养青年作家，成为五四新文化运动的主将。鲁迅作为一名伟大的文学家、翻译家和新文学运动的奠基人，被称为『民族魂』。

鲁迅的第一篇白话小说《阿Q正传》的发表为新文学历史树立了一座丰碑，对中国作家产生了巨大影响。他的杂文开创了中国现代文学的新领域，丰富了中华民族的文化艺术宝库。

《呐喊》是鲁迅一九一八年至一九二二年所作的短篇小说的结集，作品真实地描绘了从辛亥革命到五四时期的社会生活，揭示了种种深层次的社会矛盾，对中国旧有制度及陈腐的传统观念进行了深刻的剖析和彻底的否定，表现出对民族生存浓重的忧患意识和对社会变革的强烈渴望。这部小说集于一九二三年八月由北京新潮出版社出版，出版后反响强烈。

清末取消科举制度，兴办学堂，加速了新文学运动的开展。回国留学生深受西方文学思潮和理论的影响，他们在文学道路上独辟蹊径，如严复、林纾等人翻译了大量西洋文学作品，输入西方哲学、文学艺术。此时的王国维以叔本华的美学观点研究《红楼梦》，提出了真知灼见，对新文学运动起了发酵作用。

一九一九年爆发的『五四』爱国运动大大地充实了新文化革命的内容。当时全国上下普遍弥漫着一种反对旧文化、提倡新文化的呼声，胡适、刘半农等人在这样的背景下提出了文学革命的主张，大力提倡白话文，彻底批判了封建文学，开创了一代新文学，促成了文学研究会、创造社等新文学团体的兴起和众多流派的产生。

蔡元培是著名民主革命家和教育家，在学术上主张实行『兼容并包、百家争鸣』的方针。他在北京大学任校长期间，提倡学术研究，展开百家争鸣，不拘一格降人才，对中外教员一视同仁，使北京大学成为当时全国思想活跃、学术兴盛的最高学府，培养了一批具有新思想的青年。

新文化运动以陈独秀、李大钊提出『民主』『科学』为标志开始，经过了鲁迅、胡适、刘半农等人在新文学领域的创新和发展，以毛泽东为代表的无产阶级革命家将马克思主义在中国发扬光大并运用到实践领域，领导了中国无产阶级革命的胜利，西学东渐至此发展到高潮。

世界文化的多样性是各种文化相互交流的基本前提，文化的交流只能是相互渗透、相互融合，既无法全盘否定，也无法全盘照搬。中华文化之所以能延续数千年而不中断，正是有着非凡的兼收并蓄能力和不竭的吐故纳新的内在动力。

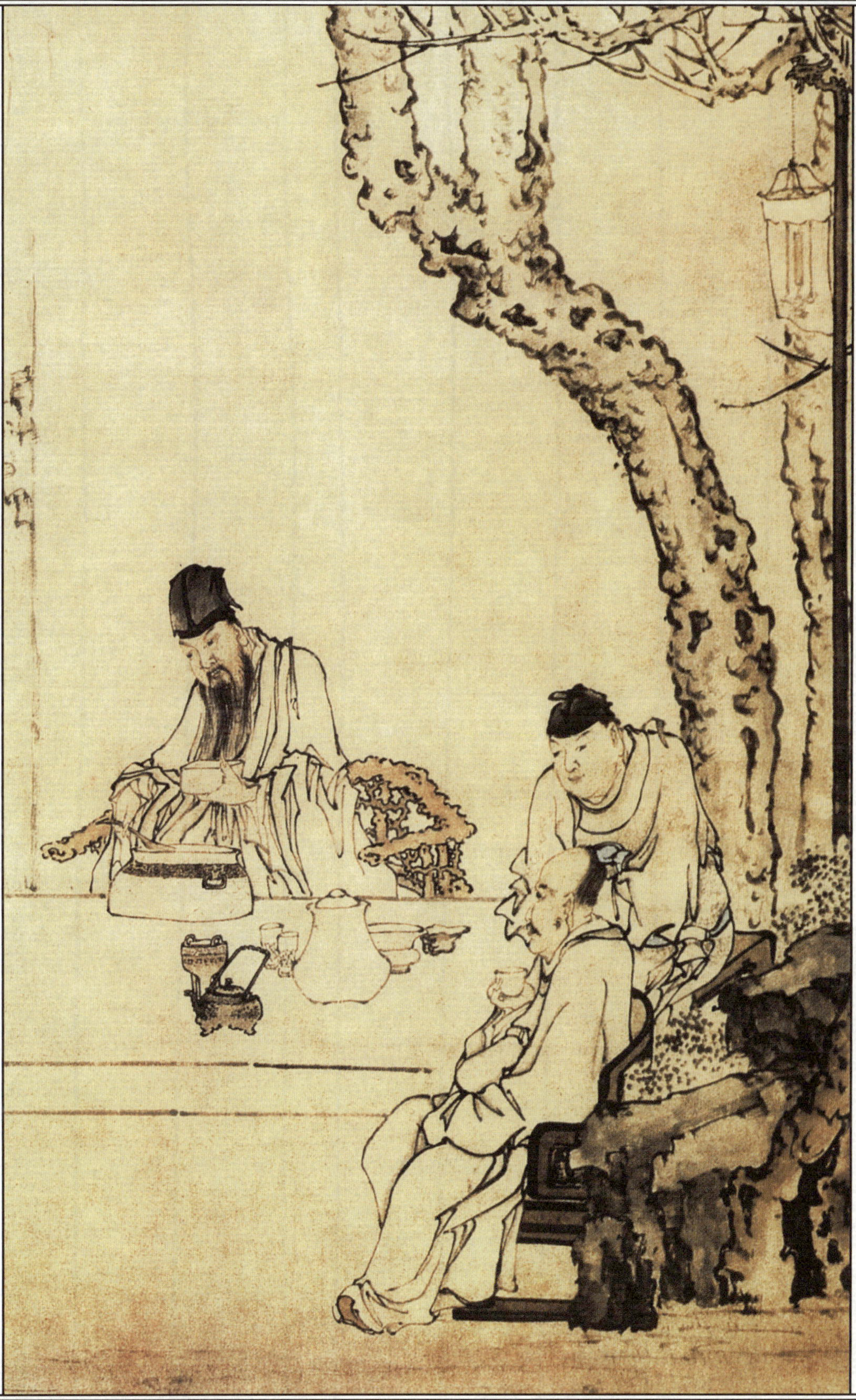

章节·叁

璀璨艺林

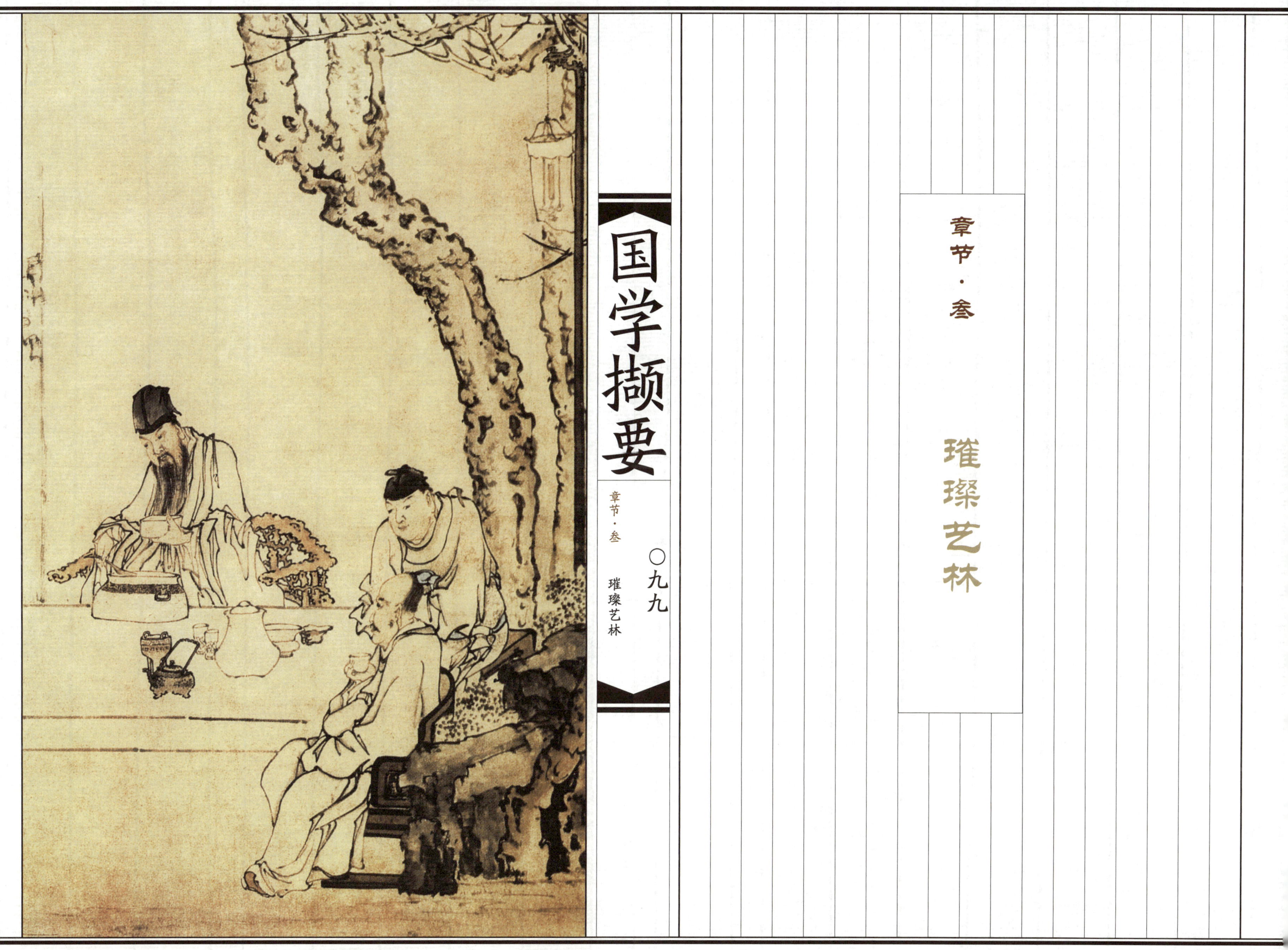

乐情于山水，游艺于春秋，艺术能陶冶情操，修养性灵。孔子说：『立志于道，坚守着德，不违背仁，游憩于六艺之中。』中国古典艺术包罗万象，绚丽多彩，更体现着士君子对于传统文化的价值取向与审美趣味。

中国书法是中国文化史的缩影，它伴随着中国文字的发展而发展，是中国特有的一种艺术形式。张芝临池学书，池水尽墨；钟繇入抱犊山十年，木石尽黑；智永临书三十年，退笔头五麓，埋如坟，号为『退笔冢』；怀素家贫无纸，种芭蕉万余株，以蕉叶练字，名其庵曰『绿天』；唐太宗手拿简板马上练字，夜半把烛习《兰亭序》；米芾所藏晋唐真迹，无日不展于几上，手不释笔临摹之……历来书家勤学苦练的故事感人肺腑。

中国书法历史悠久，以不同的风貌反映出时代的精神，艺术青春常在。浏览历代书法，『晋人尚韵，唐人尚法，宋人尚意，元、明尚态』。追寻中国三千年书法发展的轨迹，可以清晰地看到书法与中国社会的发展同步，并强烈地反映出每个时代的精神风貌。

书画两艺同生共长，中国古代的书法家也同时是绘画名家。中国绘画又名国画，是现代人为区别于西洋画而对中国传统绘画的泛称。中国画强调『外师造化，中得心源』，要求以形写神，形神兼备，做到『意存笔先，画尽意在』，这是不同于西方绘画特色的艺术。

中国绘画艺术历史悠久，仅从已知独幅的战国帛画算起，已有两千余年的历史。如果从内蒙古、甘肃、山东、新疆以及东北各地的原始岩画及一九八六年发现于甘肃秦安大地湾原始地画来看，它的历史已不下五千年。以汉族为主包括各少数民族在内的画家和匠师，创造了具有鲜明民族风格和丰富多彩的形式手法，形成独具特色的中国传统绘画。明清以来，特别是辛亥革命以后，随着封建社会的崩溃，外来绘画艺术不断传入，丰富了中国绘画的体裁。

中外艺术交流日益频繁，使画家从中得到吸收和借鉴，中国绘画创作发生了前所未有的变化，油画、水彩画、漫画、宣传画等相继发展起来，展示出新的面貌。

中国是一个礼乐之邦，音乐文化源远流长，几千年的音乐历史叙述着民族的欢乐与哀愁。初民的原始狩猎与祭祀活动，产生了最早的中国民歌，也揭开了五音汇聚的音乐史页。周朝时，政府部门设立了由『大司乐』总管的音乐机构。春秋时期，华夏大地百家争鸣的浪潮碰撞出璀璨的火花，当同时代的欧洲正处于一片荒蛮之中，中国音乐开始迎接黎明的曙光。

在中国韵文史上，唐诗、宋词、元曲接二连三，高峰迭起，名家名作，琳琅满目。明清时期，器乐的发展表现为民间出现了多种器乐合奏的形式。如北京的智化寺管乐、河北吹歌、江南丝竹、十番锣鼓等等。明代的《平沙落雁》、清代的《流水》等琴曲以及一批丰富的琴歌《阳关三叠》《胡笳十八拍》等广为流传。琵琶乐曲自元末明初有《海青拿天鹅》以及《十面埋伏》等名曲问世，至清代还出现了华秋苹编辑的最早的《琵琶谱》。

经数千年的发展演进，中国音乐始终向世界敞开胸怀，发出自由和真切的呐喊，吞吐吸纳，借鉴融会，构成缤纷的中华乐章。

中国传统医学源远流长，是中国璀璨的传统文化宝库中重要的组成部分。中国传统医学是中华民族在长期的医疗、生活实践中，不断积累、反复总结而逐渐形成的具有独特理论风

格的医学体系。针灸、把脉、刮痧等中医疗法至今仍在生活中被广泛利用，作为治疗疾病的常用手段之一。

中医学是现今世界上保留最完整的医学体系，这与中国古代各时期兢兢业业的医药学家的努力是密不可分的。医学史上博通群书、潜乐道术的良医，『上以疗君亲之疾，下以救贫贱之厄，中以保身长全，以养其生』，被人们称为『医中之圣，方中之祖』。

动乱的朝代，连年混战，人民颠沛流离，饥寒困顿，各地连续爆发瘟疫，『家家有僵尸之痛，室室有号泣之哀』。面对这种悲痛的惨景，医者目击心伤，『感往昔之论丧，伤横夭之莫救』，于是，发愤研究医学，勤求古训，博采众方，穿着草鞋背着药筐远涉深山旷野，进行实际调查。他们遍访名医宿儒，广泛搜集治病的有效方药，甚至民间验方也尽力搜集。医者，是『读万卷书，行万里路』的践行者。

中国古代建筑艺术在封建社会中发展成熟，它以汉族木结构建筑为主体，也包括各少数民族的优秀建筑，是世界上延续历史最长、分布地域最广、风格非常鲜明的一个独特的艺术体系。

从原始半坡遗址发掘的方形或圆形浅穴式房屋发展到现在，已有六七千年的历史；修建在崇山峻岭之上、蜿蜒万里的长城，是人类建筑史上的奇迹；举世闻名的大型兵马俑坑，成为享誉世界的第八大奇迹；建于隋代的赵州桥，在科学技术同艺术的完美结合上，早已走在世界桥梁科学的前列；现存高达六十七米一的山西应县佛宫寺木塔，是世界现存最高的木结构建筑；北京明、清两代的故宫，则是世界上现存规模最大、建筑精美、保存完整的大规模建筑群；中国古典园林独特的艺术风格，使它成为中国文化遗产中的一颗明珠。

艺与道合。艺术凝聚着中华五千年优秀文化，集传统儒、释、道三家审美精神于一身，这种精神是中国传统文化中所强调的哲学意味与审美境界。

书法是中国艺苑中的一朵奇葩。中国书法大化流行，吐纳宇宙之气，囊括万物情状。由一点一画到结体成幅，以一治万，以少总多，以有限表现无限，极富『超以象外，得其环中』的精妙哲理。三千多年来，书法家笔歌墨舞，创造出光辉炫丽的奇迹，使中国书法艺术傲然独立于世界艺术之林。

现代著名书法家沈尹默先生曾说：『世人公认中国书法是最高艺术，就是因为它能显出惊人的奇迹，无色而具图画的灿烂，无声而有音乐的和谐，引人欣赏，心畅神怡。』

书体齐备 书家辈出

历史上关于汉字起源有种种说法，概括起来大体有三种，即仓颉造字说、结绳说和起一成文说。随着汉字的演变发展，学术界把汉字划分为古文字和今文字。甲骨文、金文、石鼓文、秦小篆属于古文字；从汉隶开始，以后的文字属于今文字。隶变是一次巨大的革命，标志着古文字的终结和今文字的开始。字体的这一演变为汉代书法艺术的发展与繁荣奠定了基础，也为中国书法艺术的发展和审美境界的提升开辟了广阔的天地。

根据记载，秦代书法家有李斯、赵高、胡毋敬、程邈等。李斯曾作《仓颉篇》，他取史籀大篆，创造小篆，对后代篆书影响很大。他的书法骨气丰韵，方圆妙绝。相传，秦始皇巡游各地的刻石均由李斯书写。此外，赵高曾作《爰历篇》、胡毋敬作《博学篇》，都对创造小篆作出一定的贡献。程邈对隶书的规范也做过工作。汉代有的书法家，名不显著，但见于碑刻，如郭香察书《华山碑》、仇靖书《西狭颂》、仇拂书《阁颂》、纪伯允书《武斑碑》。

魏晋南北朝『为艺术而艺术』的氛围，为书法的开拓创新提供了良好的环境。这一时期，书体齐备，书家辈出，书品琳琅满目，书风异彩纷呈，书法艺术地位大大提高，出现了中国书法史上的第二次高峰。

宗法钟王 书草双圣

魏晋南北朝这一书法史上了不起的时代造就了两个承前启后、巍然独立的大书法革新家——钟繇和王羲之。他们揭开了中国书法发展史的崭新一页，此后历朝历代，乃至东邻日本，学书者莫不宗法『钟王』。

钟繇，字元常，三国魏颍川（今河南许昌）人，因做过太傅，世称『钟太傅』。他以曹喜、蔡邕、刘德升为师，博采众长，兼善各体，尤精小楷，结构朴实严谨，笔势自然，开创了由隶书到楷书的新貌。钟繇的真迹早已失传，宋代以来法帖中所刻的小楷作品《宣示表》《荐季直表》等，都是晋唐人临摹本。

王羲之出身于两晋的名门望族，官至右军将军，故后世称为『王右军』。十二岁时经父亲传授笔法论，『语以大纲』，即有所悟。他渡江北游名山，博采众长，观摩学习，『兼撮众法，备成一家』，达到了『贵越群品，古今莫二』的高度。

王羲之的楷书如《乐毅论》《黄庭经》《东方朔画赞》等在南朝即脍炙人口，对后世影响很大，世称『书之圣』。王羲之在书法上是个革新家，他的行草书被世人尊为『草之圣』。他把散见于前代、当代的书法作品中的一些用笔、结字优点，融合统一在一种崭新的书法作品中，其主要作品有《黄庭经》《兰亭序》。

关于《黄庭经》有一段传说：山阴有一道士，欲得王羲之书法，因知其爱鹅成癖，所以特地准备了一笼又肥又大的白鹅，作为请其写经的报酬。王羲之见鹅，欣然为道士写了半天的经文，高兴地『笼鹅而归』。因此，《黄庭经》又俗称《换鹅帖》，现在留传的只是后世的摹刻本了。

《兰亭序》是王羲之于东晋永和九年（公元三五三年）三月三日和一些文人举行『修禊』宴会上，为他们的诗写的序文手稿。全文共二十八行，三百二十四字，章法、结构、笔法都很完美，是他三十三岁时的得意之作。后人评道：『右军字体，古法一变。其雄秀之气，出于天然，故古今以为师法。』因此，历代书家都推《兰亭序》为『行书第一』。

书至初唐而极盛

唐代文化博大精深、辉煌灿烂，达到了中国书法文化的最高峰，可谓『书至初唐而极盛』。唐代墨迹流传至今者也比前代多，大量碑版留下了宝贵的书法作品。整个唐代书法，对前代既有继承又有革新。

初唐书家有虞世南、欧阳询、诸遂良、薛稷、陆柬之等，此后富有创造性的还有张旭、颜真卿、柳公权、释怀素等。楷书、行书、草书发展到唐代都跨入了一个新的境地，时代特点十分突出，对后代的影响远远超过了以前任何一个时代。

欧阳询，潭州临湘（今湖南长沙）人，世称欧阳率更。虞世南评价他『不择纸笔，皆能如意』。他的书法以隶书为最，唐贞观五年《徐州都督房彦谦碑》就是其隶书作品。究其用笔，圆兼备而劲险峭拔，『若草里惊蛇，云间电发。又如金刚怒目，力士挥拳』。其中竖

弯钩等笔画仍是隶笔。他所书《化度寺邑禅师舍利塔铭》《虞恭公温彦博碑》《皇甫诞碑》等被称为『唐人楷书第一』。他的楷书无论用笔、结体都有十分严肃的程式，最便于初学。后人所传『欧阳结体三十六法』就是从他的楷书归纳出来的结字规律。他的行楷书《张翰思鲈贴》体势纵长，笔力劲健，墨迹传世，尤为宝贵。

欧阳询的儿子欧阳通，书法一本家传。父子均名声著于书坛，被称为『大小欧阳』。小欧阳《道因法师碑》隶意更浓，然而锋颖过露，含蓄处不及其父。

虞世南，越州余姚（今属浙江）人，官至秘书监，赐礼部尚书，世称『虞永兴』，享年八十一岁。虞世南幼年学书于王羲之七世孙，加之著名书法家僧智永亲传，遂妙得『二王』及智永笔法。虞世南为人沉静寡欲，志性刚烈，议论正直，深得唐太宗器重。他的书法笔势圆融遒劲，外柔而内刚，如裙带飘扬，而束身矩步，有不可犯之色。

褚遂良，钱塘（今浙江杭州）人，官至右仆射河南公，世称褚河南。他的书法作品，宋法王羲之、虞世南。《唐人书评》评他的作品：『字里金生，行间玉润，法则温雅，美丽多方。』他所写的《雁塔圣教序》，最有自家之法。在此碑中，他把虞、欧法融为一体，从气韵上看直追王逸少，但用笔、结字，圆润瘦劲之处却是褚法。

唐人正书无出其右 天下行书堪称亚圣

张旭，字伯高，吴郡人，世称张长史。他的书法得之于『二王』而又能独创新意。楷书端正谨严，规矩至极，黄山谷誉为『唐人正书无能出其右者』。若说他的楷书是继承多于创造，那么他的草书则是书法上了不起的创新与发展了。韩愈说：『旭善草书，不治他技故旭之书，变动如鬼神，不可端倪。』张旭代表作品《古诗四帖》，原迹现藏于辽宁省博物馆。

颜真卿，祖籍琅琊（今山东临沂），官至太子师，世称颜鲁公、颜平原。他于唐中宗景龙三年（公元七零九年）出生在京兆长安县（今陕西西安）敦化坊，至此，颜氏居长安已历四代。颜氏家族向来以德行、书翰、文章、学识立世，且名家辈出。

颜真卿的代表作品《祭侄文稿》，行草墨迹，纵二百八十二毫米，横七百二十三毫米，二十五行，原迹现藏台湾故宫博物院。此帖本是稿本，原不是作为书法作品来写的，但正因为无意作书，所以使此幅字写得神采飞动，笔势雄奇，姿态横生，得自然之妙。张晏评云：『告不如书简，书简不如起草。盖以告是官作，虽楷端终为绳约；书简出于一时之意兴，则颇能放纵矣；而起草又出于无心，是其手心两忘，真妙见于此也。』元代鲜于枢评此帖为『天下第二行书』。在此帖真迹中，所有的渴笔和牵带的地方都历历可见，能让人看出行笔的过程和笔锋变换之妙，对于学习行草书有很大的益处。

宋四大家与书画皇帝

北周衰微之际，宋太祖赵匡胤发动陈桥兵变，自立为帝，建立赵宋王朝。半个世纪的五代十国分裂混乱局面至此结束，国家复归统一。从公元九六零年至一二七九年，三百多年间，

书法发展比较缓慢。

宋太宗留意翰墨，购募古先帝王名臣墨迹，命侍书王著摹刻禁中，厘为十卷，这就是《淳化阁帖》。此后《绛帖》《潭帖》等多从《淳化阁帖》翻刻。这种辗转传刻的帖，与原迹差别就会越后越大。所以同是宗王从帖，宋人远逊唐人。一些评家以为『帖学大行，书道就衰微了』。总之，帖学大行和以帝王的好恶、权臣的书体为转移的情势，影响和限制了宋代书法的发展。

宋代为后世所推崇者有苏轼、黄庭坚、米芾和蔡襄四大家。四家之外，宋徽宗赵佶独树一帜，亦堪称道。

蔡襄，兴化仙游人，官至端明殿学士。蔡襄为人忠厚正直，学识渊博，他的字『端劲高古，容德兼备』。《宋史·列传》载：『襄工于手书，为当世第一，仁宗由爱之。』宋四家中，苏、黄、米都以行草、行楷见长，而喜欢写规规矩矩的楷书的，还是蔡襄。他的书法学习王羲之、颜真卿、柳公权，浑厚端庄，雄伟遒丽。苏东坡说：『君谟天资既高，积学至深，心手相应，变化无穷，遂为本朝第一。』沈括说他善于『以散笔作草书，谓之散草，或曰飞草，其法皆生于飞白，自成一家』。这说明蔡襄这位稍欠改革精神的书法家还不是泥古不化的，他也在追求古趣，力创新意。

苏轼宗法『二王』，并从颜真卿、柳公权、褚遂良等各家吸取营养，在继承传统的基础上努力革新。他在对书法艺术深刻理解的基础上，用传统技法去进行书法艺术创造，在书法艺术创造中去丰富和发展传统技法，而不是简单机械地去模古。在执笔方法上，苏轼运用

异于常人的特殊方法，还注意书写工具的改革。

他讲自己书法时说：『作字之法，识浅见狭学不足，三者终不能尽妙，我则心目手俱得之矣。』他在书法艺术创作过程时，重在写『意』，寄情于『信手』所书之点画。

《黄州寒食诗帖》是苏轼行书的代表作。这是一首遣兴的诗作，是苏轼被贬黄州第三年的寒食节所发的人生之叹。诗写得苍凉多情，表达了苏轼此时惆怅孤独的心情。此诗的书法也正是在这种心情和境况下有感而发。通篇书法起伏跌宕，光彩照人，气势奔放，而无荒率之笔。《黄州寒食诗帖》在书法史上影响很大，被称为『天下第三行书』，也是苏轼书法作品中的上乘之作。正如黄庭坚在此诗后所跋：『此书兼颜鲁公、杨少师、李西台笔意，试使东坡复为之，未必及此。』

黄庭坚，号山谷道人，江西修水人，后世称他『黄山谷』。《宋史·文苑传》称：『庭坚学问文章，天成性得，陈师道谓其诗得法杜甫，善行草书，楷法亦自成一家。与张耒、晁补之、秦观俱游苏轼门，天下称为四学士。』

他自己说：『余学草书三十余年，初以周越为师，故二十年抖擞俗气不脱。晚得苏才翁、子美书观之，乃得古人笔意。其后又得张长史、怀素、高闲墨迹，乃窥笔法之妙。』

他的行书用笔如冯班《钝吟杂录》所讲：『笔从画中起，回笔至左顿腕，实画至右住处，却又跳转，正如阵云之遇风，往而却回也。』以『画竹法作书』给人以『沉着痛快』的感觉。至于他的草书，赵孟頫说：『黄太史书，得张长史圆劲飞动之意。』他的《花气诗》笔势苍劲，拙胜于巧，肥笔有骨，瘦笔有肉，变态纵横，劲若飞动，其姿韵不亚于行楷书。

《请上座帖》笔势飘动隽逸，更是稀世佳作。

米芾，世居太原，后定居江苏镇江。宋徽宗诏为书画学博士，人称『米南官』，又因举止颠狂，人称『米颠』。他在继承『二王』书法传统上下过苦功，能够登堂入室。真、草、隶、篆、行都能写，而尤以行草书见长。他自称『刷字』，是指他用笔迅疾而劲健，尽兴尽势尽力，追求『刷』的韵味、气魄、力量，追求自然。他的书法作品，大至诗帖，小至尺牍、题跋，都具有痛快淋漓，欹纵变幻，雄健清新的特点，快刀利剑的气势。其主要作品有《蜀素帖》《紫金砚帖》《论书帖》等。

宋徽宗赵佶，政治上昏庸，艺术上却非常聪颖，是个天分极高的书画家。他早年学薛稷、黄庭坚，参以褚遂良诸家，出以挺瘦秀润，融会贯通，变化二薛（薛稷、薛曜），形成自己的风格，号『瘦金体』。其特点是瘦直挺拔，横画收笔带钩，竖划收笔带点，撇如匕首，捺如切刀，竖钩细长；有些联笔字像游丝行空，已近行书。其用笔源于褚、薛，写得更瘦劲；结体笔势取黄庭坚大字楷书，舒展劲挺。其代表作品有《草书团扇》《牡丹诗册》等。

宋徽宗也是艺术活动的组织者和倡导者。他广泛收集民间文物，特别是金石书画，命文臣编辑《宣和书谱》和《宣和画谱》等。

崇尚复古 帖学大行

元初经济文化发展不大，书法总的情况是崇尚复古，宗法晋、唐而少创新。纵观元代书法，

以真、行、草书为主流，发展到了清代才得到改变。有元一代书风，仍沿宋习盛于帖学，宗唐宗晋，虽各有其妙，亦不能以一家之法立于书坛。

元文宗天历初建奎章阁，专掌秘玩古物，欣赏法书名画，书法一度出现兴盛局面。赵孟頫、康里巎巎、鲜于枢、耶律楚材等是这一时期书法名家的代表。他们主张书画同法，注重结字的体态。但元代书坛纯是继承晋唐，没有自己的时代风格，稍后于赵孟頫的康里巎巎还有些变化，奇崛独出于元代书坛。

赵孟頫，宋太祖子秦王德芳的后裔，入元，官至翰林学士承旨，荣禄大夫，封魏国公，谥文敏。《元史》评价：『孟頫篆籀分隶真行草无不冠绝古今，遂以书名天下。』赵氏能在书法上获得如此成就，和他善于吸取别人的长处是分不开的。

据明人宋濂讲，赵氏书法早岁学『妙悟八法，留神古雅』的思陵（即宋高宗赵构）书，中年学『钟繇及羲献诸家』，晚年师法李北海。此外，他还临过元魏的定鼎碑及唐虞世南、诸遂良等人的作品，集前代诸家之大成。诚如文嘉所言：『魏公于古人书法之佳者，无不仿学。』其代表作品有：《仇锷墓碑铭》《兰亭帖十三跋》《洛神赋》《妙严寺记》等。

明朝也是帖学大盛的一代，法帖传刻十分活跃。著名的作品包括董其昌刻的《戏鸿堂帖》、文征明刻的《停云馆帖》、华东沙刻的《真赏斋帖》、陈眉公刻的《晚香堂帖》等。其中，《停云馆帖》收有从晋至明历代名家的墨宝，可谓丛帖之大成。

清代上与大唐时代遥相呼应，是书法发展史上的又一个中兴期。

清代的书法发展，按时间大致可分三段：早期（约顺治、康熙、雍正时）是明季书风的延续，

属帖学期；中期（约乾隆、嘉庆、道光时）帖学由盛转衰，碑学逐渐兴起；晚期（约咸丰、同治、光绪、宣统时）是碑学的中兴期。

清代王铎的书法主要成就在行草。作品尺幅都比较大，起笔时喜用浓墨，线条雄健有力，章法奔放恣肆而又安排奇巧。很难想象一件奔腾壮阔、酣畅淋漓的草书作品可以由冷静的理性来控制。同明人徐渭、祝枝山的草书相比，不难发现，王铎的过人之处在于纵而能敛。而且更重要的是，王铎对章法、结构的处理表现出了他第一流的艺术自觉意识，他将元明以来以平正为主流的章法、结构模式加以改变，代之以欹侧。

中国书法艺术最典型地体现了东方艺术之美和东方文化的精神气度，具有无与伦比的艺术价值和深厚的群众基础。

中国画以其独特的民族绘画形式，将笔墨情趣与诗、书、印有机融为一体，达到笔墨传情、妙趣横生的艺术境界。中国画凝聚着中华民族的性格、心理、气质，以其鲜明的风格与特色在世界画苑中独具体系。中国画是用毛笔蘸水、墨、彩作画于绢或纸上，简称「国画」。中国传统绘画工具和材料有毛笔、墨、国画颜料、宣纸、绢等，题材可分人物、山水、花鸟等，技法可分工笔和写意，它的精神内核是「笔墨」。文人画强调抒发主观情绪，「不求形似」「无求于世」，不趋附大众审美要求，借绘画以示高雅，表现闲情逸趣，倡导「师造化」「法心源」，强调人品、画品的统一。中国画坛历史悠久，其间涌现出众多杰出画家、画派以及难以计数的优秀作品。

以形写神的人物画

人物画，是中国画的一大画科，较山水画、花鸟画等出现更早。人物画是以人物形象为主体绘画之通称，大体分为道释画、仕女画、肖像画、风俗画、历史故事画等，力求人物个性刻画得逼真传神。其传神之法，常把对人物性格的表现寓于环境、气氛、身段和动态的渲染之中。

中国的人物画，历史悠久。据记载，商、周时期，已经有人物壁画。东晋时的顾恺之专尚画人物画，在中国绘画史上第一个明确提出「以形写神」的主张，其作品《洛神赋图》为后世所称道。唐代阎立本也擅长人物画，还有吴道子、韩幹等都为人物画作出了卓越的贡献。唐以后著名人物画家及其作品包括：五代南唐顾闳中的《韩熙载夜宴图》，北宋李公麟的《维摩诘像》，南宋李唐的《采薇图》、梁楷的《李白行吟图》，元代王绎的《杨竹西小像》，明代张宏的《击缶图》和《布袋罗汉图》，清代任伯年的《高邕之像》以及现代徐悲鸿的《泰戈尔像》等。在现代，更强调「师法化」，还吸取了西洋技法，在造型和布色上有所发展。

咫尺之内　山水极妙

中国人在很早的时候就开始了对山神水神的崇拜。为了表现故事的丰富性，画作在这些神

的背后出现了山水的背景。山水有时也出现在人物画的背景之中。可以说作为形象背景的山水的出现，是山水画最直接的起源。

战国时期，『楚有先王之庙及公卿祠堂，图天地山川』。今天所能见到的汉代画像砖《采莲图》，则是一幅具有独特审美价值的、有着山水画基本内涵的山水画作品。

据史料记载，至魏晋时期，处于发育期的山水画典型代表是顾恺之的《庐山图》、戴逵的《吴中溪山邑居图》、戴勃的《九洲名山图》，这些都被张彦远称为『山水极妙』的作品。

南北朝时期，刘王真的《吴中行舟图》、毛惠秀的《剡中溪谷村墟图》，以至臻境。『咫尺之内，而瞻万里之遥；方寸之中，乃辨千寻之峻。』而宗炳著《画山水序》、王微著《叙画》，于画理画法中阐微发奥，奠定了中国山水画的理论基础。中国山水画在这一时期，已完成了孕育成型的过程。

现存隋代展子虔的《游春图》，使后人对中国山水画发展有一个更加直观的感受。这位被称为『唐画之祖』的画家，以春山白云、幽谷茂林、碧波涟漪的表现，结束了山水画『人大于山，水不容泛』的历史。

唐代山水之变

唐初，在隋代山水画成就的基础上，开始了山水画史上『始于吴，成于二李』的『山水之变』。唐代的山水画成就主要表现在『二李』的重彩风格之中，这也是『唐代山水之变』

的成就，虽然体现这一成就的卷轴存世不多，但是在现存的唐代壁画中却一目了然。

相对于吴道子的多才多艺而言，李思训表现得可能更为专业。李思训师从展子虔『青绿重彩，工细巧整』的风格，并将这一风格演变为具有代表性的画派。他所画的山水不仅为时人所重，到了宋代，苏东坡在看了他的《长江绝岛图》后亦作诗称赞。后来，其子李昭道『变父之势，妙又过之』，进一步确定了『李派山水』在中国山水画史上的地位。『李派山水』在唐代的传人中还有王熊、畅玑、李平均、郑逾等。

水墨画风 意出尘外

唐代的另一位山水画大师王维，以《辋川图》『意出尘外』的表现，创造了中国山水画的一个神话。他以诗人和画家的身份，给山水画创设了『画中有诗』的规范和传统。他融合了李思训严谨的重彩手法，又继承了吴道子山水树石的画法，是一位为画史所重的『集大成』者。同时，他还启示了五代董源的水墨风格，成为令后人敬仰的『南宗』之祖。

由唐代开始的水墨山水画，尽管处于初创时期，但是以张璪、郑虔、项容、王墨为代表的一代画家，却为这一时期的画史赢得了可贵的名声。

张璪『不贵五彩』，以『破墨』法写『高低秀丽，咫尺重深，石头欲落，泉喷如吼』。而他的一句『外师造化，中得心源』，更成为画坛的至理名言，千古不移。稍后的王墨，师承『三绝』的郑虔和『用墨独得玄门』的项容，创『泼墨』画法，或挥或洒，或淡或浓，

随其形状。为山为石，为云为水，应手随意，倏若造化。

五代山水的『荆关』体系

荆浩为五代山水画之先，而合笔墨为一体又为山水画树立了一个新的审美准则。他的『笔法记』在绘画理论上的贡献，更不逊于其绘画。师法荆浩的关仝，以『笔愈简而气愈壮，景愈少而意愈长』创『关家山水』，构造了五代山水的『荆关』体系。

其后的董源以『水墨类王维，着色如李思训』的『北苑山水』，影响了北宋山水的发展趋向，成为后世标榜的『南宗』山水的又一位重要画家。

浙派健将 秋景见长

明代的山水画在中国绘画史上得到了超常的发展，派别众多，画人无数。有按画风分的『院派』，有按地区分的『浙派』『吴门派』『华亭派』，其中『院派』和『浙派』、『吴门派』和『华亭派』关系密切，画风相近。

作为『浙派山水首席画师』的戴进，初为画院画家，继承南宋李唐、马远画法，以行笔顿挫和斧劈皴，写山水『铺叙远近，宏深雅淡』，表现了略有院体遗风的浙派山水的面貌。

这种水墨苍劲的画法发展到吴伟，更为粗简，因此较多受时人批评。被称为『浙派健将』的吴伟正因为稍有不同于戴进之处，所以画史中又把他归于『江夏派』。

归于浙派的画家还有倪端、王谔、朱端等，他们同为宫廷画家，皆取法马远、夏圭。浙派发展到后期，以蓝瑛为殿军。蓝瑛亦取宋元笔法之伏，所画以秋景见长，用笔顿挫，萧疏苍劲。

吴门画派 四大才子

明代中期，随着吴门经济的发展，这个自古的人文荟萃之地，孕育了『吴门画派』。这一派中以沈周、文徵明、唐寅、仇英最有代表性，又以沈周为首，其文秀的风格，代表了吴门画派的面貌。

沈周从董源、巨然、李成、范宽入手，兼及王蒙、吴镇，从古法中蜕化出自我的风格。其《庐山高》以王蒙皴法写庐峰瀑布、松阴溪流，得山川神采。沈周的山水，到晚年风格一转，用笔简练洒脱，虽幅面趋小，但画面深沉雄浑。沈周中年时期就享有盛名，『片楮朝出，午已见副本』，文徵明、唐寅、陈焕、宗周、陈铎、沈澈都出之沈门。

文徵明的山水清润自然，粗细兼备，早年作品细致清丽，中年后用笔粗放，沉稳典雅。所画山水中有一部分为记游的作品，别具生意。文徵明也是学生众多，著名的有钱谷、陆师道、

钱贡等。唐寅的多才多艺，在吴门是有口皆碑，他较多地吸收李唐的画法，用笔细长挺秀，皴法以披麻结合乱柴，灵逸生动，无刻画之迹。『明四家』中以仇英的山水最为工整，有『赵伯驹后身』之誉。仇英的山水以青绿居多，结构严谨，笔力刚健，设色浓重，讲究法度。

上述四家之外，属于吴门体系但早于沈、文的画家有赵原、王绂、徐贲、陈汝言、刘珏、杜琼、沈恒吉、沈贞吉等，而继沈、文之后的画家还有钱谷、陆师道、陆士行、宋珏、谢时臣、文震亨、米万钟、卞文瑜、李流芳等。

华亭开堂引四王四僧

『华亭派』又名『松江派』，以顾正谊为创始，以董其昌为代表。董其昌深谙古法，所画用笔洗练，墨色清淡，风格古雅秀润，代表了『华亭派』的风格，与『吴门画派』精工具体形成对照。

董其昌以自己的绘画实践作理论基础，『开堂说法』，提出了引起后世争论的『南北宗』学说。董其昌提倡文人画的书卷气，强调南宗绘画的正统地位，从而表明崇南贬北的个人爱好。虽然董其昌『南北宗』论为一己之说，但是它能形成巨大的社会反响，应该说是反映了当时的社会风尚，有着广泛的社会基础。『华亭派』中的其他画家还有宋旭、陈继儒、赵左（苏松派）、沈士充（云间派）等。

董其昌分宗立派的思想，从根本上来论是树立画坛的正宗。在他的思想指引下，清初的王时敏身体力行去实践，并影响了他的同道、弟子和家人，共同建立了以临摹为主要特色的清代正统派体系——『四王』。

作为正宗的『四王』，在董其昌清理的文人画脉络中『血战宋元』，他们以不断临摹的方式学习古人的笔墨技巧，塑造延续文人画脉络的绘画程式。

王时敏是『四王』之首又是『娄东派』之先，他刻意追摹黄公望，用笔严谨，墨色古雅，深受董其昌影响。王鉴与王时敏如出一辙，但远述董、巨，仿古作品更见功力，而青绿一格，又独得其妙。王原祁在『四王』中为官职位最高，应该说他在为『四王』塑造整体声名方面有着不可忽视的作用。在『四王』中，王原祁最具个人特点，他以黄公望的浅绛为基础，所画山水有『熟而不甜，生而不涩，淡而弥厚，实而弥清』的赞誉。

应该说他们不遗余力的努力有功于山水画的发展，特别是在古法渐伤的时代，这种努力具有积极的意义。『四王』的弊端出在其后人过分强调摹古而忽视艺术的创造精神，把丧失个性的不变的程式奉为永恒的经典。虽然流弊的蔓延有其源头，但事物在演变过程中的质变也是一个不容忽视的问题。

与画坛正宗相对的在野画家代表则是『四僧』，他们以其不拘一格的艺术思想和独特的个人风格，为清代古风弥漫的画坛带来了阵阵清风。虽然以『四僧』为代表的一批在野派画家不入时代的主流，却是主流之外不可缺少的补充。

『四僧』中以石涛最为著名，他半生云游名山大川，『搜尽奇峰打草稿』，所画脱离画谱规范，笔墨恣纵，挥洒淋漓，洒脱自然。有《画语录》传世，『一画』论哲理深厚，为后

人不断揣摩。与石涛相比，八大山人则以奇异为特色，他以花鸟画的结构和笔法写山水，不拘成法，笔墨苍劲圆秀，狂怪野逸，横扫画坛俗气。石谿与石涛并称『二石』，以干笔皴擦法画山水，有书家之妙，其风格也在时流之外。弘仁还与查士标、孙逸、汪之瑞合称『新安四大家』，所画追踪倪瓒，长于用线，苍劲整洁，精于结构，奇崛有致。

笔舞丹青，展现山水极妙；应手随意，挥洒才思风韵。中国历代画家杰出的创作和精湛的画论，使画坛气韵生动、熠熠生辉。中国传统绘画独具艺术魅力，而且日益为世界现代艺术所借鉴和吸收。

希腊巴特农神庙、罗马广场、巴黎铁塔、中国的万里长城，还有数不清的古城市、古村镇，承载着厚重的历史文化，如今已成纪念性的遗迹和标志，成为人们可以欣赏的凝固的艺术。

历史上，无论是普通的平民工匠，还是位高权重的帝王，都醉心于宏伟瑰丽的建筑艺术，为中国古代建筑艺术的发展添砖加瓦，形成了中国独具特色的建筑艺术体系。

独特的艺术体系

中国传统建筑考虑『人』在其中的感受，这种人文主义的创作方法有其深厚的文化渊源。从宏观到微观，从外形建制到内在精神，都渗透着中国传统建筑独有的个性。这，就是中国古代建筑艺术的魅力所在。

巧妙而科学的框架式结构是中国古代建筑在建筑结构上最重要的一个特征。中外建筑都讲究对称，但中国建筑的空间布局尤以轴线对称见长，这主要体现在受中国『周礼』思想影响较大的建筑体系当中。古代都城规划中，都以主宫殿位于中轴线上，以宫室为主体，次要建筑位于两侧，左右对称布局，『前朝后市』『左祖右社』等，如唐大都与明清北京城的规划布局，再如中国古代寺庙中，强调轴线空间布局的实例也有很多。一般均将主殿大雄宝殿放在轴线的重要位置上，配殿居前后左右。『左阁右藏』『左钟右鼓』等，空间层层递进，庭院深深。

中国古代建筑的装饰绚丽多彩，主要包括彩绘和雕饰。彩绘具有装饰、标志、保护、象征等多方面的作用。雕饰题材内容则十分丰富，有动植物花纹、人物形象、戏剧场面及历史传说故事等。在古建筑的室内外还有许多雕刻艺术品，包括寺庙内的佛像、陵墓前的石人、石兽等。北京故宫保和殿台基上的一块陛石，雕刻着精美的龙凤花纹，重达二百吨。

上下两千年　纵横十万里

在中国北部辽阔的土地上，东西横亘着一道绵延起伏、气势雄伟、绵延长达两万一千多里的长墙——万里长城。它是中国古代一项伟大的防御工程，它凝聚着中国古代人民的坚强毅力和高度智慧，体现了中国古代工程技术的非凡成就，也显示了中华民族的悠久历史。

长城是中国也是世界上修建时间最长、工程量最大的一项古代防御工程。自公元前七世纪开始，长城延续不断修筑了两千多年，分布于中国北部和中部的广大山川土地上，于一九八七年十二月被列为世界文化遗产。二零零七年七月七日，长城被评为世界新七大奇迹之一。长城如此浩大的工程不仅在中国，在世界上，也绝无仅有。

孟姜女寻夫的故事，体现了中国古代女性的贞节、勇敢与智慧，至今在民间广为传颂。长城的修筑与完善，是一代代中国人民汗水和智慧的结晶，是中国古代劳动人民创造的最伟大的奇迹，是中国悠久历史的见证，与天安门、兵马俑一起被世人视为中国的象征。

世界第八大奇迹

秦始皇陵在陕西省临潼县东五公里，背靠骊山，脚蹬渭河，左有戏水，右有灞河，南产美玉，北出黄金，真乃风水宝地，寄予着秦始皇让子孙万代永享福寿的心愿。

秦始皇为了安排死后的归宿，大肆修筑陵墓，并为自己精心策划了骊山陵。陵墓主要材

料都运自四川、湖北等地，被征召修筑骊山陵园的民夫最多时达七十多万人，直到公元前二一零年秦始皇病死时尚未修完，由秦二世又接着修了两年才勉强竣工，前后历时三十九年。

陵园呈东西走向，面积近八平方公里，有内城和外城两重，围墙大门朝东。墓冢位于内城南半部，呈覆斗形，现高七十六米，底基为方形。据推测，秦始皇的『陵寝』应在陵墓的后面，即西侧。

据《史记·秦始皇本纪》载：墓室一直挖到很深的泉水以后，用铜烧铸加固，放上棺椁。墓内修建有宫殿楼阁，里面放满了珍奇异宝。墓内还安装有带有弓矢的弩机，若有人开掘盗墓，触及机关，将会成为后来的殉葬者。墓顶有夜明珠镶成的天文星象，墓室有象征江河大海的水银湖，具有山水九州的地理形势。还有用人鱼膏做成的灯烛，欲求长久不息。安葬完毕后，秦二世下令将宫内无子女的宫女和修建陵墓的工匠全部埋入墓中殉葬。

司马迁对秦始皇墓地充满神奇色彩的记载一直令后人半信半疑，但近几十年的考古发现，证明司马氏的记载基本是可信的。在骊山陵东面还发现了举世闻名的大型兵马陶俑坑，内有武士俑约七千个、驷马战车一百多辆、战马一百余匹以及数千件各式兵器，被誉为『世界第八大奇迹』。

桥梁建筑的典范

中国自古就有『桥的国度』之称，『山无径迹，泽无桥梁，不相往来』，遍布于神州大地

的桥梁建筑编织成四通八达的交通网络。中国古代桥梁建筑艺术发展于隋，兴盛于宋，有不少是世界桥梁史上的创举。

隋朝建立拱桥的技术是空前绝后的，赵州桥是中国建筑史上的奇迹之一，距今已有一千四百年的历史。它是当今世界上现存最早、保存最完善的古代敞肩石拱桥，是浓缩了中华民族智慧结晶的标志性桥梁。赵州桥的设计者李春开创了中国桥梁建筑的崭新局面，为中国桥梁技术的发展作出了巨大贡献。

赵州桥又叫安济桥，坐落在河北省赵县城南五里的洨河上。赵州桥只用单孔石拱跨越洨河，石拱的跨度为三十七米七，连南北桥垅，总共长五十米八二。采取这样巨型跨度，在当时是一个空前的创举。更为高超绝伦的是，在大石拱的两肩上各砌两个小石拱，从而改变了过去大拱圈上用沙石料填充的传统建筑型式，创造出世界上第一个『敞肩拱』的新式桥型。这是一个了不起的科学发明。赵州桥这样古老的大型敞肩石拱桥，在世界上相当长的时间里是独一无二的。在欧洲，公元十四世纪时法国泰克河上才出现类似的敞肩形的赛雷桥，比赵州桥晚了七百多年，而且早在一八零九年这座桥就毁坏了。

隋代著名石匠李春的杰出贡献在世界桥梁建筑史上永放光辉。一九六一年赵州桥被国务院列为第一批全国重点文物保护单位。

北京的卢沟桥以其精美的石刻艺术享誉于世，久已闻名中外。意大利人马可·波罗的《马可·波罗行纪》一书，曾对这座桥有详细的记载。卢沟桥的狮子也因著名建筑学家罗哲文的《闻名中外的卢沟桥》而出名。

金代第六位皇帝金章宗统治时期，国势达到全盛，与中原的政治、军事、经济联系愈加密切，卢沟河上原有的摆渡、浮桥、季节性木桥等渡河方式已不能满足交通需要。金大定二十九年（公元一一八九年）金章宗下令，在卢沟河上建一座大石桥。石桥于一一九二年建成，金章宗命名为『广利桥』，但人们以卢沟河之故，一直称此桥为『卢沟桥』。

元、明两代曾对卢沟桥进行修缮，清康熙三十七年（公元一六九八年）重修。卢沟桥全长二百一十二米二，有十一孔，桥面两侧筑有石栏，柱高一米四，各柱头上刻有石狮，它们或蹲、或伏，或大抚小，或小抱大，形态各异逼真。桥两端各有华表、御碑亭、碑刻等，桥畔两头还各筑有一座正方形的汉白玉碑亭，每根亭柱上的盘龙纹饰雕刻得极为精细。『卢沟晓月』是燕京八景之一。又因一九三七年七月七日在此地响起第一声中国全面抗日的炮声，卢沟桥成为具有历史意义的纪念性建筑地标。

瑰丽精巧 塔中之最

在山西省应县城西北隅佛宫寺内，有一座辽代高层木结构佛塔，因塔内供释迦佛，故名释迦塔。又因塔身全是木制构件叠架而成，所以俗称应县木塔。山西应县木塔与巴黎埃菲尔铁塔和比萨斜塔并称为世界三大奇塔。

佛宫寺建于辽代，历代重修，现存牌坊、钟鼓楼、大雄宝殿、配殿等均经明清改制，唯辽清宁二年（公元一零五六年）建造的释迦塔巍然独存。后金明昌二至六年曾予加固性补修，

但原状未变，是世界现存最古、最高大的全木结构高层塔式建筑。

塔为平面八角形五层六檐楼阁式，总高六十七米三一。塔身矗立在一个大型砖石基座之上，基座分两层，下层方形，上层八角形，高四米四。该塔每层之间平座内设一级暗层，致使塔身实为九层。塔内各层均有塑像，底层释迦如来坐像高十一米，内槽四周绘有壁画，南北门楣横披板上辽画供养人像技法尤精。底层内槽上部置顶式平綦藻井，布列纤巧，是辽代小木作中佳品；二层佛坛方形，上塑一佛二菩萨；三层佛坛八边形，坛周束腰镂刻精细，坛上塑四方佛；四层塑一佛二弟子二菩萨；五层塑一佛八大菩萨。各像比例适度，面相俊逸，从造型风格分析，当是金明昌年间『增修益完』时塑造。

铁制塔刹雄伟壮观，瑰丽精巧。塔刹系铁铸部件组合而成，刹下砖砌莲台式基座。刹高九米九一，有仰莲、覆钵、相轮、露盘、仰月及宝珠等。八条铁链系于戗脊下端，久经风雨，完好无损。

山西应县木塔是中国古代现存的唯一纯木结构大塔，一九六一年被列为全国重点文物保护单位。

木工皇帝不重江山学鲁班

明清时期是中国建筑业发展的鼎盛时期，以明长城和明故宫为最著名的代表。

明成祖可以说在军事、建筑上都是杰出的奇才，是明朝比较富有传奇色彩的人物。他设计了明北京城的蓝图，在元大都的基础上营造了明故宫。在当时建造北京城的八十万能工巧匠中，最有名的是木工蒯祥，当时有『蒯鲁班』之称。

明代的中央集权达到顶峰，这一点在建筑的设计风格上也得到体现。北京城有三重，极其规整，京城之内有皇城，皇城内有宫城，宫城又称紫禁城。北京城的主体建筑都布置在中轴线上，中央官署集中在京城南部，钟楼、鼓楼位于城北，古时因鼓楼定更击鼓、钟楼撞钟报时，早晚极有规律，故老北京有『暮鼓晨钟』的说法。黄色在中国自古就是皇权的象征，宫城的黄色琉璃瓦和红墙相配，大气磅礴，充分体现了皇权的尊严。

而熹宗朱由校则对建筑更加痴迷，身在皇帝之位，整天与斧子、锯子打交道。熹宗好木工就跟宋徽宗赵佶好书画、后主李煜好诗词一样，这三个人都是身在皇位而不谋政治偏爱文学艺术，最终因自己的一己喜好耽于治国而最终导致亡国的君主。

在当时看来，他们或许是不被正统封建思想所承认的，甚至认为他们玩物丧志。可是以现代人客观的眼光来看，他们在中国文学艺术史上的功绩是不可磨灭的。

清代建筑的精巧奢华

清代建筑艺术、宫殿建筑和陵墓建筑基本上承袭明代的规制，园林建筑和宗教建筑则有大的发展，坛庙建筑和民居建筑亦显出特色。

清代皇帝沿用明代的宫殿，做了局部的修筑和增建。乾隆皇帝为准备当太上皇而在紫禁城

东侧营建了一组自成体系的宫殿建筑群，包括皇极殿、宁寿宫、养性殿和乐寿堂等。康熙、雍正、乾隆三代皇帝对明代西苑大加拓建，形成了三山五园的整体格局。与此同时，中南海的勤政殿、瀛台、丰泽园，北海的阅古楼、濠濮间、静心斋等都具有皇家气派。

清代的东陵和西陵，陵墓建筑规制都依照明陵，而乾隆裕陵之地宫布满佛教题材的石雕，慈禧定东陵三大殿六十四根盘龙金柱，其精巧豪华远过前者。

清代的皇家园林与私家园林规模之壮伟，艺术水平之超卓，为宋代以来所未有。宗教建筑如拉萨的布达拉宫、甘肃的拉不楞寺、吐鲁番的苏公塔礼拜寺、云南的景真八角亭，显示了各少数民族非凡的建筑技巧和独特的民族风格。

坛庙建筑，如五岳的岳庙、祀圣的孔庙、孟庙等，多在前代规模的基础上加以重修或扩建；而毁后重建的像汨罗县屈子祠、留霸县张良庙、成都武侯祠，亦很令人赞赏；那些意在夸耀一姓一族的丰厚财富与优越社会地位的宗祠，建筑工艺与装饰亦非常华丽讲究。

中国的皇城建筑、山水园林对邻近各国都产生了深远影响。人们可以不听音乐，不看戏剧，不欣赏画展，不读小说，但却不可能没有住宅，不可能对矗立在自己眼前的建筑视而不见。一旦建成，它都会长期保留下去，很难被人遗忘或丢失。事实上建筑成了一个时代、一个民族的纪念碑。